LA HOMOSEXUALIDAD Y EL KARMA

ROSA ELENA ORTEGA
EL YASAY

La Homosexualidad
y el
Karma

Tapa: Marcelo Bigliano
Dibujos: Elvira Merkel

© Diciembre 1996
Rosa Elena Ortega
El YΛSΛY

ISBN 950-43-7892-7

Queda hecho el depósito que marca la ley 11.723

LA HOMOSEXUALIDAD Y EL KARMA

Dedico este libro como todos mis libros a mi esposo Juan Alfredo y a mi hijo Alejandro A. Citterio.

A la memoria de mi madre Catalina Isabel Pandullo Latorre de Ortega. Pascual Pandullo Latorre. Pablo Langelotti y Américo. Rolando Roche.

A mi amiga María Teresa Fuentes Salinas. A los Angeles del primer grupo que formamos con Fernando Ginaca, hace muchos años, y a él muy especialmente, que fue uno de los pioneros en Argentina.

A Elvira Merckel uno de los angeles que desperte, amiga y autora de los dibujos de varios de mis libros.

AGRADECIMIENTOS

Agradezco a Mónica Younies Moreno, las poesías con que siempre adorna mis libros, el tiempo que dedió generosamente a uno de mis grupos durante un año, brindando sus conocimientos gratuitamente y el ser como es. A mis Angeles dorados que siempre me acompañan y me guían a mis musas y hadas que me acompañan. A Silvia Gianini inastructora de Yoga, por el amor que brinda a todos. A Roxana Gimenes miembro del grupo de Angeles. A Teresa Jofré un ángel del grupo que además tiene manos de hada para los masajes. A mi amiga Ana María Abad, quién corrigió mi primer libro y es animadora del programa de radio F.M. Flores en el que estoy los viernes a las 18hs. y Adriana Duran, periodista, animadora de radio y T.V.y corresponsal de Mondo Italiano, con la que también compartimos muchos años juntas, en distintos programas actualmente en radio Porteña de Quilmes. A la revista Intuición que siempre me hacen reportajes.

Agradezco muy especialmente al sidicato de Terapeutas Alternativos y Afines S.U.T.A. que acaba de otorgarme el Gran Premio Intuición 96. Licenciado Walther Petinato y Dra. Angélica Olivera.

ROSA ELENA ORTEGA

¡ADIOS TUELLA!

(De acción guardiana Internacional, México)

Hermana del Alma, de la Luz,
te has alejado después de haber iluminado
con tu luz a otros seres...
Después de haber mostrado el camino a otros,
luego de haber completado tu misión...
Dices que te vas feliz...
y, así lo creo,
porque lo has hecho bien ¡muy bien!
y, es seguro que donde estás ahora
eres feliz, porque has retornado a casa.
¡ADIOS TUELLA!

AN CRON- EL RAM- ES CRIÓN
EL YAZAY-ZARAEL

PRÓLOGO

Hacía mucho tiempo que la idea de escribir sobre la homosexualidad y su relación con el karma me rondaba.

Empecé un día a decir que sería mi próximo libro; fui a dar una conferencia a un Instituto de Yoga, sobre la ayuda que se le puede brindar a los enfermo de SIDA y de Cáncer entré los cuales se encontraban algunas personas que eran homosexuales, y al conversar con ellos sentí la necesidad de poner manos a la obra. Noté además que mucha gente se interesaba por el tema, entonces ni bien terminé el manual de Tarot Angélico, comencé a escribir este libro. Al principio se agrupaban muchas vivencias, anécdotas que he ido experimentando con los distintos trabajos que realizo. Trato con frecuencia en terapia, como también en numerología o tarot, con seres que sufren por el rechazo de las gentes que se creen con derecho a juzgar a los demás. Conozco infinidad de casos y de parejas de homosexuales, todos muy distintos y sin embargo con el mismo patrón: El Karma. En el largo camino transitado en las ciencias alternativas y esotéricas, he visto pasar muchas almas de seres con conflictos y problemas de toda índole, que he tratado de ayudar y comprender. Conozco gente de todos los niveles sociales y culturales, a quienes con mucho amor trato de enseñarles lo que sé, para que puedan vivir mejor y de los cuales yo también aprendo. Como siempre digo: la vida es un largo aprendizaje; y el que sabe escuchar aprende más rápido. Por eso no puedo dejar de agradecer a todas las personas, que por razones obvias no puedo nombrar, que me han aportado innumerables datos. He investigado exhaustivamente sobre el tema, no con bibliografía, me he basado en hechos de la vida real. Mucho se ha hablado sobre el sexo, pero creo que de este tema en particular, no tanto. Espero que este libro sirva para esclarecer un poco más el tema, que existan menos prejuicios y más aceptación por parte de la gente.

APRENDAMOS A QUITAR LAS ESPINAS Y DISFRUTAR DE LAS ROSAS

"Reflexiones de El YASAY"

Sábado por la tarde; por cierto espléndida tarde de sol, no corre viento frío a pesar de ser invierno; mientras riego mis plantas, y con sumo cuidado trasplanto algunas, pienso como han florecido y se han multiplicado a pesar del tiempo frío y ventoso de los días anteriores. Pensaba en los milagros de la naturaleza y en los pequeños milagritos que vinieron sucediéndome éstos días, por lo que realmente estoy contenta aunque como todo los demás, tengo problemas o cosas que solucionar, que a pesar de que a veces no sé cómo, siempre las voy solucionando; sé que me dejo fluir y se resuelven, porque es verdad que Dios, no nos da una carga más pesada de la que podemos soportar.

Di por terminado este libro pero sentí la necesidad de agregar estas líneas. Me puse a pensar sobre el ego.

Mucho es lo que se habla al respecto, en conferencias, en libros, en la charla de algunos grupos, pero sin embargo creo que no nos damos cuenta de cuán arraigado tenemos el ego inferior, en todo los actos y pensamientos cotidianos. El mío y el tuyo, la posesión en todo los niveles y materiales, en la educación que le damos a nuestros hijos, en lo que pretendemos de ellos, en nuestras propias pretensiones: ego, ego, ego...

Mucha gente se volcó a lo espiritual y está tomando conciencia del momento tan trascendente que vivimos, pero aún en ésta toma de conciencia existe el ego.

Todos estamos más o menos enterados de que vinimos a realizar algo, una misión; la cuál puede ser muy importante simple, sencilla, sin importancia, (para nuestro ego). Esto nos hace pensar que nuestra misión "tiene" que ser más importante que la del señor "inculto o insignificante" que vive al lado o en la esquina, por ejemplo. Porque, claro, nosotros tenemos otra cultura, otra inteligencia u otra posición, o simplemente porque somos nosotros... Verdaderamente, ésto es puro ego... Y es el error que más comúnmente se comete.

El Domingo 31 de Julio fui a ver a Giorgio Bongiovanni al teatro San Martín, recibí una invitación y bajo la lluvia y el viento concurrí. Me siento muy feliz de haberlo hecho, pude conocer a un hombre sencillo, que tiene la importantísima Misión de trasmitir el mensaje de la Virgen de Fátima, aquél que le diera a esos tres pastorcitos en el año 1917 y que la Iglesia dio a conocer, primero una parte, y luego la segunda, pero la tercera que corresponde al momento actual y próximo, todavía no se decide a revelar, aunque por suerte hay muchas personas de los que estamos en la luz, que lo recibimos de diferentes formas y fuentes y lo trasmitimos igual, y por supuesto, Giorgio Bongiovanni con sus estigmas, como prueba fehaciente de algo sobrenatural lo transmite por todo el mundo, visitando tanto a presidentes como a gente de todos los niveles sociales y culturales, con su sencillez y su gran simpatía y sabiduría.

En la conferencia además de dar el mensaje, paso unos videos mostrando las pruebas realizadas por médicos de distintos países, psiquiatras que lo entrevistaron, no faltaron tampoco los grandes mentalistas de todo el mundo, etc. Sin embargo hubo algunas personas no muchas, cuatro o cinco nada más, que antes de que comenzara a dar el mensaje, con aire de suficiencia, se pararon y se fueron, yo me quedé atónita; no podía comprender como alguien después de verlo, de saber que esas heridas son una de las formas de mostrar al mundo que se están comunicando con nosotros, que nos quieren decir y demostrar que quieren ayudarnos a salvarnos.

Una persona puede levantarse e irse, tan tranquila, sin siquiera escuchar... Yo me pregunto: ¿qué tenían que hacer tan importante o más importante que escuchar el mensaje que la Virgen manda para salvarnos...?

No interesa de qué religión sea uno, ante la importancia creo que deberíamos estar por encima de todo partidismo. Yo me pregunto: ¿qué tenían que hacer más importante que escuchar...?

Seguramente que para estas personas, Giorgio era un hombre común, sencillo, que con naturalidad se mezclaba ante el público y hablaba y ayudaba a su equipo a preparar los cassettes y videos, ¡cómo podía ser el elegido para transmitir los mensajes del cielo! Esas son las más frecuentes reacciones del ego.

No quiero criticar a esas personas, que seguramente necesiten más tiempo para despertar porque la crítica también tiene mucho de ego. Simplemente reflexiono con el tema, y lo quise compartir con ustedes, mis queridos lectores, además aprovecho para agradecer las innumerables cartas recibidas desde España, Chile, Uruguay, Paraguay y todo el territorio Argentino, así como las llamadas telefónicas que he recibido desde Tierra del Fuego, a todo lo largo del país. Las cuales guardo amorosamente después de contestarlas.

También deseo compartir parte de una conferencia que dí en el año 94, que tiene relación con el tema de este libro.

CONFERENCIA SOBRE LA EVOLUCIÓN
EL SEXO Y LA NUEVA ERA

Si puedieramos observar desde el astral mentalmente en un punto en el espacio desde el cual nos
fuera posible contemplarnos mientras evolucionamos
y pudiésemos ver como en una pantalle de televisión
nuestra cadena de musndos tal como pueden ser
percibidos por nuestra imaginación, y noen la apariencia física , astral y mental que representan, me
parece que examinando estos cuerpos u humanidad
que evolucionan, podríamos trazarnos un cuadrado
de su conjunto. Yo percibo, al igual que otros lo han
hecho, una gran montaña en el espacio, un camino
en espiral alrededor que sube hasta su cumbre.Siete
son las vueltas de ese camino, y en cada una de ellas
hay otra vez siete estaciones o paradas, en donde los
peregrinos se detienen durante un determinado tiempo; (a éstas paradas se asciende en forma circular, en
el ciclo de evolución se pasa siete veces en torno de
una cadena de siete globos, en cada uno de los cuales
se detiene durante muchos millones de años, siendo
cuarenta y nueve el número de dichas detenciones,
esto quiere decir, debe morar siete veces en cada uno
de los siete globos). A medida que caminamos por el
sendero espiralado, percibimos que termina en la
cumbre de la montaña, vemos también que conduce
a un gran Templo; de blanco y radiante marmol res-
plandeciente, brillante en medio del cielo azúl. Esta
es la meta de la peregrinación, y los que en el han
entrado han terminado su viaje por lo que a esta
montaá se refiere y permanecen allí con el único
objeto de ayudar a los que todavía suben. Al exami-
nar atentamente el Templo. Cada uno de los recintos

esta separado de otro por medio de un muro, y para poder pasar el peregrino, desde uno u otro Recinto, debe entrar por una puerta única que existe en cada uno de los muros circundantes (son cuatro Portales las cuatro iniciaciones). Es decir que todos los que desean llegar a este centro, deben necesariamente pasar por estas cuatro iniciaciones o puertas una tras otra; en el exterior del Templo existe, además otro circuito ó valla- El Recinto Externo, el cual contiene un número mayor de circuitos que los que se ven en el mismo Templo. Mirando los antes men sionados tenemos el cuadro de la evolución humana, el sendero a lo largo del cual marcha la raza , y el Templo que es su meta. A lo largo del camino que rodea la montaña se halla una gran masa de seres humanos que avanza en su marcha , pero tan lentamente que su movimiento es casi imperceptible, que pareciera que avanzan un paso y retroceden otro. Por un solo momento, ha visto la mata hacia la cual se dirige, así como el sendero escarpado, pero mucho más corto, que conduce directamente a la cima de la montaña donde resplandece el Templo. Es entonces cuando sucede que debido a ese breve instante de iluminación que se ha tenido, en vez de marchar una y otra vez durante siete veces, por el mismo camino espiralado girando sobre sí mismo, y en torno de esa montaña y cada vuelta en espiral por las laderas de la misma que tiene que repetirse siete veces, para lo cual necesita un inmenso período de tiempo, el alma que ha recibido esos destellos de luz y ha visto el sendero por el que debe subir que tiene un nombre " DEBER", y en el que los que entran, entrarán en el atravesando la puerta sobre cuyo dintel se halla escrito en brillantes letras doradas la palabra "Deber Humano".Lo que quiero significar es que antes de que puedan alcanzar siquiera el Recinto Externo del

Templo, deben atravesar esta puerta y hacerse cargo de que la vida debe ser consagrada al deber y no al egoísmo y que el único medio de elevarse rápidamente es trabajando en beneficio de aquel que rezagado se encuentra dando vueltas en la oscuridad, puesto que desde el Templo se puede prestar una ayuda más eficaz a los viajeros que hacia el mismo se dirigen. Pero recuerden sólo se percibe un resplandor fugaz, una luz que se desvanece en el momento, porque el ojo sólo a sido afectado un instante por un rayo de luz que desciende de la montaña. No olviden además que existen tantos y tan variados objetos perturbadores en el camino para distraernos, y desviarnos, que la mirada del alma es facilmente atraída por los seductores objetos desparramados a lo largo del sinuoso camino pero cuando se ha percibido la luz es mucho más fácil percibirla nuevamente y cuando se tiene claro el objetivo final del esfuerzo, del deber y el sacrificio, cuando el alma reconoce estos deberes y ésta luz, nace muy fuerte en ella el deseo de pisar aquel sendero más corto y de hallar el camino recto que conduzca a kla Cima de la Montaña, al Recinto Externo del Templo.más brillantes que otras, muchas con estudios superiores, que llegan a ser excelentes médicos, abogados, políticos, contadores, economistas, ingenieros, arquitectos, etc.

Sin embargo no llegan a alcanzar la verdadera comprensión, esa comprensión que nos hace libres y seguros, que nos hace darle el justo valor a a las cosas, y que nos enseña que hay leyes superiores a las que no se puede ni se "debe" burlar, aunque cuando se llega a esa comprensión ya no existe el deber.

Y el poder tal y como aquí se conoce, causa gracia.

EL DIOS LUNAR ERA ANDRÓGINO

Según la mitología tanto en Egipto como en Babilonia el culto a la luna precedió al del Sol.

Algunos dioses Lunares eran Andróginos, (tanto masculinos como femeninos). Sin embargo el Dios Lunar de Babilonia es llamado por sus adoradores Utero Materno, generador de todas las cosas.

El mito Babilónico es asumido por su hija la Diosa Ishtar, este aspecto femenino, siendo eliminado el Dios Solar Shamask.

Después de algún tiempo predomino el culto el culto al Dios Solar suplantado al Lunar y eliminándolo, conservándose la diosa Lunar, lo que vemos repetirse con Osiris/Ra en Egipto.

El Hombre de la luna que muere y es vengado por su hijo, se transforma en el mito de la diosa Lunar, la gran Vaca celeste, siendo su hijo el que muere y resucita asumiendo éste con su resurrección un simbolismo Solar.

La transferencia del dios Lunar a la diosa lunar, que tuvo lugar en muchas religiones antiguas, tiene relación con el progresivo ascenso del culto Solar, ya que el dios del Sol heredó del más antiguo dios lunar los atributos, entre ellos el de divinidad fertilizante.

La fase luminosa de la luna se relaciona con su dios lunar (en su comienzo) su fase oscura con el hecho de ser devorado por un Dragón.

Estos distintos aspectos de la fecundación lunar, son más tarde divididos entre un Dios masculino lunar, y en su hija, diosa también lunar.

Con el desplazamiento del culto lunar por el solar también fue sustituido el dios lunar por la diosa lunar, cuyo hijo también lunar es desplazado y arrojado a los abismo, donde pierde su miembro viril y resucita como héroe solar.

LA HOMOSEXUALIDAD Y EL KARMA

El tema de la homosexualidad se habla en la actualidad con mucha frecuencia, pero en casi todos los casos se hace incapié en las relaciones que se sostienen entre hombres y cabe señalar que sucede lo mismo entre mujeres, son muchos los casos en los que se forman parejas estables entre mujeres, pero muchos má, los que aún teniendo una pareja masculina, mantienen relaciones a escondidas con otra mujer o formen un trío, con la pareja de una de ellas. También en muchos casos sucede que el amor es platónico, que realmente exista una relación de amistad tan profunda y entrañable, que se protejan, se cuiden y sientan celos y hasta odien al esposo o al novio o pareja y traten de hacerlos pelear con el convencimiento de que le hacen un favor a la amiga, muchas veces inconscientemente sufren porque ese hombre las separa. En algunos casos no se atreven a pensar en el porqué de esa relación de amor que más que amistad es de pareja, y en la mayoría es totalmente inconciente, pero existe con más frecuencia de lo que uno cree. Si hicieran regresiones quizá podrían ver que en alguna vida anterior fueron hombre y mujer y que fueron pareja o se atraían, o que hubo alguna historia. Si uno se atreve a analizar ciertas situaciones como si fuera un espectador de su propia vida, podría ser más objetivo y comprender ciertas cosas que de otra manera ni siquiera ve. Por lo general uno considera más hombre al que es mujeriego, o al que se enfurece si ve a un homosexual, en cambio debería preguntarse en el primer caso el porque de la falta de maduréz y si no necesita salir con muchas mujeres para reafirmar su hombría, y en el segundo caso a que le teme, cúal es el problema que tiene, porque reacciona así, porque se realmente no tiene ninguna inclinación no le afectaría tanto ver a un homosexual.   Sucede que uno muchas veces hace espejo de sus problemas con el otro y entonces puede criticarlo y escandalizarse, porque de esa manera saca y pone afuera un sentimiento culposo.

LA EVOLUCIÓN

Dharma: significa la naturaleza interior caracterizada por el grado de evolución alcanzado, más la ley determinante del crecimiento en el período evolutivo que va a seguir.

El germen vital significa, por la evolución, la imagen perfecta de Dios. La única representación posible de Dios está en la totalidad de los numerosos objetos que constituyen, por sus detalles diferentes, el Universo y el individuo no alcanzará la perfección más que desempeñado de una manera completa su papel particular en el formidable conjunto.

Para encontrar el origen y la razón de la evolución y para poder comprenderla, debemos partir del principio de que todo viene de Dios y que todo está en El. No hay vida que no sea su vida, no existe fuerza que no sea su fuerza, ni energía que no sea su energía, ni forma que no sean sus formas. Todo es el resultado de sus pensamientos, su voluntad. De este principio partimos, aceptando todo lo que el implica, admitiendo todas sus consecuencias.

No teman pensar así. No vacilen, con el pretexto que la vidas en curso de evolución son imperfectas. Osemos admitir estas conclusiones que nos conducen a la verdad.

Shri Krishna dice hablando como supremo Ishvara: "He aquí lo que Yo soy, oh Arjuna. Y nada hay animado o inanimado que pueda existir privado de mí". (Bhagavad Gita x 39).

En otra sloka dice: "Yo soy el fraude del Truhan. Yo soy también el esplendor de las cosas espléndidas". (x 36).

El sentido de estas frases que pueden parecer

profanas es el principio fundamental de concepto de que somos pequeñas partículas de un todo que es perfecto y por tal motivo no podemos ser imperfectos, debemos evolucionar hasta estar en condiciones de retornar a él.

La vida emanada del ser superior, reviste muchos velos tras los cuales debe desenvolver para su evolución, todas las perfecciones latentes en ellas, pues no contiene todas las cosas ya desenvueltas.

La vida contiene todo potencialmente, pero nada manifestado de ante mano.

Contiene todo germen, del que debe nacer el organismo.

La semilla es la que está colocado en las olas inmensas de la materia, el germen es dado solo por la Vida del Mundo desenvolviendo paso a paso, fase tras fase, sobre cada escalón, sucesivamente, todas las potencias presentes en el Padre generador.

De ésta semilla, de este germen, conteniendo toda las cosas en el estado de posibilidad, pero nada todavía manifestado, debe evolucionar una vida, elevándose de escalón en escalón, hasta llegar a ser un centro consciente, capaz de alcanzar, aumentándose, al Logos. (Padre, Dios).

Si en el Preámbulo de la Constitución Nacional dice: "Invocando la protección de Dios fuente de toda Razón y Justicia":

Ordenamos, Decretamos y Establecemos, si gente con una conciencia elevada escribió de esta manera, algo nos está demostrando, algo que no han sabido ver muchos poderosos y gente común también. Nos dice que en todos los poderes, las cabezas de ellos se basaron e invocaron siempre a la fuerza superior de Dios, que toda justicia es regida por su fuerza Divina, la cual debemos admitir, ver y sentir siempre, no olvidarnos de que existe y vivir de acuerdo a ella.

"La humanidad toda debe de escuchar el llamado al cambio. Todo los poderes." Jesús Hortal, Río Grande del Sur (Brasil), vol. 1, nº. 1, año 1971 "Iglesia y Derecho", subtitulado "Reflexiones sobre la existencia y naturaleza del Derecho Canónico".

El artículo sustenta la compatibilidad del misterio de la Iglesia con un Derecho, aunque no en el entendido a modo de un conglomerado de normas reductibles por entero a la legislación humana.

Este Derecho sería apenas un medio más de manifestación para la existencia de la Iglesia.

"Si entre las relaciones del superior y el súbdito eclesiástico faltase esa vida, si no hubiese caridad, si la ley fuera un simple instrumento de sujeción y no de catequización, no estaríamos viviendo en un orden nuevo, una nueva alianza inaugurada por Cristo.

La constitución jurídica sólo puede cobrar sentido en función de la constitución natural, la realidad social y la constitución natural, la realidad social y la constitución real, (la fuerza políticas operantes).

La primera, que es natural, está dada y en su recreación la voluntad humana se encuentra muy limitada.

La segunda, la real, también está dada en cada momento, pero tiene mayor posibilidad de cambio en menor tiempo y las políticas hay que crearlas en base a una nueva era de paz y de amor en un orden armónico.

Esta es una demostración más, de que ningún sector está aislado o separado del cambio, de la evolución, de la armonía.

Así mismo quiero que se entienda que el cambio armónico tan necesario para la humanidad deben hacerlo todos y sobre todo los sectores de poder, Gobierno, Iglesia, Justicia, Economía, Medicina, Agronomía etc.; que en el caso particular de la medicina, en vez de estar enfrentada con la Ciencias Alternativas tendría que estar unidas, tendría que ser complementarias, como lo es ya en algunos paises como Israel, China.

Respecto a este tema debo agregar que en el Sherathon Hotel se acaba de celebrar el 6º Congreso Internacional de Parapsicología al que asistieron varios médicos de distintos punto del país y del extrajero, todos altamente calificados y mentalistas, psicólogos, parasicólogos, etc., en el cual tuve el honor de recibir el premio Mente 94.

Lo importante que quiero rescatar de todo lo que se habló, es la noticia que se está tramitando, el ingreso de las técnicas mentales parapsicológicas a la Universidad de Medicina. Para que además, como existe en otros paises, se puedan implementar guardias de médicos y psíquicos en los hospitales o servicios de Emergencias.

Deseo profundamente que se apruebe esa ley lo antes posible.

LA LEY DE LA NATURALEZA

KARMA: ningún esfuerzo correcto o equivocado realizado en la vida evolutiva o involutiva puede desaparecer del mundo de las causas.

Toda vida es el resultado de una serie única de causa y efecto.

Las enfermedades se manifiestan en varios individuos pero en cada uno revelará la enfermedad que como resultado de su serie de causas, será única y diferente en aspecto todas las demás.

Una de las falencias de la medicina occidental es que se trata a los pacientes de acuerdo con los efectos o síntomas externos de una enfermedad, sin prestar mayor atención a la desarmonía básica del individuo o el desequilibrio que presenta a nivel emocional, que es la causa de ese cuerpo; la estructura es una condensación que surge del pasado.

El hombre recoge lo que había sembrado en el pasado, es el hacedor de su propio destino o futuro, por medio de las causas iniciada en el pasado.

En realidad no se trata sólo del pasado inmediato o de la última semana de abuso gastronómico o de abstinencia, sino de las causas que surgen de un pasado que se remonta a muchas vidas anteriores.

Nuestro cuerpo, el exterior como el interior, son receptáculos para la expresión de energías, tanto creativa como destructivamente.

Son el producto de causa y efecto que lleva el nombre de KARMA.

Es el resultado de sus actos que fluye en una vida tras otra, hasta que el alma aprende a desterrarlos, pasa de grado, abandonando esos fines y emprende finalmente la tarea del crecimiento espiritual, tarea que se cumple inexorablemente. Este es: (KARMA INDIVI-DUAL).

Claro que se puede cumplir de varias maneras o etapas.

Puede ser rápido el camino de la evolución, del aprendizaje, aunque también se puede repetir de grado una, dos o tres veces y entonces volverían a nacer en este planeta, con más problemas, más sufrimientos, más piedras en el camino, hasta que finalmente en algún momento aprenderán, más tarde o más temprano, más o menos lastimados, más o menos enfermos, pero siempre se llega.

Cuando emprendemos el camino de la vida debemos aprender, para los que vinieron a estudiar a este planeta tierra, que es un planeta escuela, que siempre habrá una piedra en el camino para que podamos levantarla y con ella aprender, pero si tropezamos y no nos damos cuenta, si no comprendemos, nos ponen una piedra más grande y así sucesivamente, hasta que muchas veces son adoquines o rocas.

Si aún así no aprendemos, cada vez será mayor y más pesada, por lo que queda claro que existen varias forma de emprender el camino del aprendizaje; podemos hacerlo de la manera correcta, más rápida, podemos desviarnos, tardar y llegar cansados, hacer grandes esfuerzos y llegar muy tarde, en girones, mal trechos; esa es una elección, es lo que se llama libre albedrío, pero finalmente vamos a hacerlo.

Nosotros elegimos llegar bien o mal, limpios o sucios, sanos o enfermos.

Se entiende mejor el karma, si se acepta que el hombre es parte del Universo y a él responde, es una de las leyes que lo rigen; es una unidad de conciencia de este Universo, es parte de ese todo.

El hombre habita bajo sus cuerpos mentales, etérico, emocional y físico, y su alma es inmortal.

Decía Theidy Hofthrwhuitlotus: "El alma del hombre es inmortal y su futuro es el futuro de algo cuyo crecimiento y esplendor no tiene límite".

El karma es una cadena de caución que se retrotrae hasta el infinito del pasado y que por tanto está necesariamente destinado a extenderse en el infinito del futuro; no hay escape, porque es Universal en la naturaleza que es infinito y está por todas partes y es atemporal; antes o después se hará sobre la entidad que lo estimuló porque la naturaleza reacciona ante el impacto de esa energía actuando sobre ella y la naturaleza reaccionando ante el impacto de esa energía esto lo que se llama karma.

Hay toda una rama de la medicina convencional basada en esta ley ocultista.

Se refiere en muchos casos al desequilibrio psicológicos y fisiológicos; el cual se puede rastrear hasta sus causas antiguas.

Hay explicaciones con respecto a este tema que muchas veces uno no sabe ver.

Me refiero, por ejemplo, a los casos de epidemia. Ocurre que muchas personas son sus víctimas y otras no, habiendo corriendo los mismos riesgos. Y porque en muchas ocasiones los seres físicamente más fuertes contraen condiciones de stress y los seres humanos de aspecto más débil, sobreviven tolerando más las presiones.

O, por ejemplo, cuando ocurren esos accidentes en los que muere mucha gente junta; y se salvan sólo una o dos personas inexplicablemente.

Esto ocurre porque el karma es colectivo y no afectaba a las personas que se salvaron. Blabasky escribió en el libro de la "DOCTRINA SECRETA":

Aquellos que creen en el karma han de creer en el destino que desde la cuna a la tumba todo hombre teje hebra a hebra a su alrededor, del mismo modo que una araña teje su tela y ese destino es guiado por la voz celestial del prototipo interior o ser o por nuestro cuerpo astral o emocional más íntimo, que muy a menudo es el genio maligno de una entidad llamada hombre.

Ambos dirigen al hombre pero uno de ellos prevalece y desde el mismo principio de la invisible refriega, la fija e implacable ley de la compensación interviene y toma su curso siguiendo fielmente las fluctuaciones cuando se ha dejado tejida la última fibra de nuestro capullo terreno y el hombre está envuelto en la red que él mismo se ha hecho; entonces se encuentra totalmente bajo el imperio de este destino que él mismo se ha forjado, éste o bien le fija como la concha inerte contra la inmóvil roca o lo transporta como a una pluma en el remolino de sus propias acciones y esto es el karma". VOL. 1 (2639).

Sin embargo el karma no es fatalismo, su acción depende de nosotros; cada hombre es su propio ejecutor, es su propio legislador absoluto.

No puede haber una terapia completa, una cura completa hasta que el psicólogo o el sanador trate de modo general y específico al karma; tampoco es posible entender el karma sin saber algo de la totalidad del hombre; sería curar algo que no se conoce bien.

Existe un karma individual, un karma familiar, un karma nacional, y el karma colectivo.

El nacional es la serie de consecuencias perteneciente a una raza de la que es miembro integral el individuo.

En el sentido ordinario de éstos términos no se puede decir que el karma castigue o gratifique, su acción es inexorablemente justa, porque siendo parte de las operaciones de la naturaleza toda acción KÁRMICA, en última instancia puede retrotraerse hasta la acción Cósmica de la armonía que es lo mismo que decir el espíritu de Conciencia Puro.

Por eso se entiende como fatalismo o se confunde lo que popularmente se conoce como azar, esto no tiene nada que ver con el karma, que esencialmente es una doctrina de la libre voluntad o albedrío pues naturalmente una entidad que inicia un movimiento o acción, ya sea espiritual, material o psicológica, es por tanto responsable de las consecuencias y efectos que fluyen y que, antes o después, revertirán sobre el actor o movedor primero.

Como todo está vinculado, ligado, mezclado con todo lo demás, ninguna cosa puede vivir independientemente; por necesidad otras entidades se ven afectadas en mayor o menor grado, por las causas de los movimientos iniciados por la entidad individual (karma familiar).

Pero todo los efectos o consecuencias sobre otras entidades distintas al movedor primero, sólo actúan indirectamente, son moralmente compulsivos, en el verdadero sentido de la palabra moral, por eso, a veces vemos un karma familiar o Nacional, que es perteneciente al miembro integral de la raza.

En mi larga experiencia he podido comprobar lo inexorable del karma.

He visto pasar miles de personas, algunas con grandes pesares sentimentales.

El sufrimiento muchas veces como una constante en sus vidas. Algunas pocas habían evolucionado, habían aceptado el dolor rápido y encontrado la Paz; otras todavía se seguían preguntando el porqué de tanta desventura.

Haciendo el estudio de la carta natal numerológica, comprobaba que éstas personas, tenían fuertes deudas kármicas que pagar, de otras vidas, en las que nabían hecho objeto de malos tratos o sufrimientos a otras personas, justamente como ahora estaban sufriendo ellas.

En esta vida otros volvieron a querer ejercer el juego

de la dominación, la posesión, y sufren porque debido a que vuelven a repetir el mismo error, esto hace que pierdan sus afectos o relaciones más preciadas.

Hay otros caso como el de una pareja que había cometido muchos errores en anteriores reencarnaciones; en ésta lograron aprender rápidamente la lección, pudiendo así terminar el aprendizaje y vivir felices comprendiéndose mutuamente.

Existen casos en que éstas "materias" han quedado pendientes de anteriores reencarnaciones entre padres e hijos y que se han podido "rendir" o solucionar en esta vida.

En otras situaciones habían ocasionado los progenitores los mismos sufrimientos a sus padres, que los hijos les ocasionaban en ésta encarnación, por lo tanto, les correspondía comprender a sus hijos y aceptar el sufrimiento, son aprendizajes no castigos.

Muchos evolucionan y aprenden, arreglando finalmente sus problemas. Otros sólo aprenden en parte la lección, dejando algo pendiente, algunos repiten los mismos errores y no pasan de grado. Siendo así sus vidas muy penosas.

En mi caso particular, con mi hijo, yo ya fui madre de él en otras reencarnaciones y en la última, en la que él fue sacerdote, yo lo ayude mucho. En la actual, él vino a ayudarme a mi ya que al nacer, poco tiempo después de haber fallecido mi primer hijo a los 23 días de vida y después de haber tenido yo varios embarazos frustrados, su llegada sosegó mi pena.

Puede suceder en algunos casos, en que vivió muy intensamente y feliz un karma de recompensa siendo mujer, en un clima familiar favorable, siendo muy asediada por el sexo opuesto, gozando de gran aceptación por todos y llevando así una vida de ventajas y alegrías, que es tan fuerte ese recuerdo kármico, esa parte femenina, que al reencarnarse en un cuerpo masculino no se lo acepta, máxime si se ha hecho abuso de ese karma de recompensa, y quedan algunos aprendizajes pendientes de esa misma reencarnación que deben ser saldadas e inconscientemente, los recuerdos kármicos están tan arraigados, que permanecen latentes los deseos y sentimientos de esa otra personalidad anterior.

Es así que nos encontramos ante personas que habiendo nacido hombres adquieren las características femeninas, con su mismas sensaciones y éstas son tan fuertes, que no les permite aceptar este vehículo físico, porque sienten que no les pertenece, que no es de ellos.

No admiten su masculinidad y en estos casos tampoco se puede hablar de enfermedad o desequilibrio mental; es simplemente que aflora una personalidad anterior, aún latente en ellos.

Como éste es el único planeta denso, en el que existe el sufrimiento, la enfermedad, la muerte, la posesión y el sexo, les es difícil la existencia, se hace complicada su vida porque no halla la suficiente comprensión ante estas situaciones en la gran mayoría de la gente.

Los seres humanos, en su gran mayoría, siempre se han creído superiores "Los Reyes de la Naturaleza" los amos y señores del Universo, sin ponerse a pensar de dónde viene, a qué y por qué...

¿QUÉ SUCEDE EN OTROS PLANETAS?

En mi libro anterior "Tríadas y Dinastías de los Ángeles", explico como se compone el Universo y las características de los ángeles y extraterrestres o ultraterrestres, sería absurdo pensar que en todo este inmenso Universo, sólo existe vida en este Planeta, que somos los únicos seres vivientes "nosotros los humanos aquí en la tierra".

Por lo tanto doy por sentado que más o menos sabemos que existen otros seres en otro planetas, que hay vida en otros planos, o que por lo menos aceptan que existen los ángeles ya que jamás ninguna religión los negó; porque hay suficiente evidencia de otros seres en las distintas civilizaciones, incluso el las pinturas antiguas, en los grabados en piedras, etc.

Lo cierto es que las vagas explicaciones científicas y religiosas no nos ponen en claro nuestro verdadero origen ni las diferencias de razas que existen.

En realidad si nos remitimos a la historia, debemos saber y comprender que no podemos ser tan omnipotentes como para creer o pensar, que existe solo éste Planeta habitado.

Hay muchos sistemas Planetarios y muchas y distintas formas de vida. La nuestra fue creada por el planeta mental y éste es el único planeta denso.

Nuestra historia se remonta a millones de años atrás.

Los primeros extraterrestres que vinieron a la tierra fueron los de la constelación del Cisne, a quienes se les llama "los padre antiguos", quienes más tarde se hibridaron con la humanidad y les enseñaron conocimientos.

En aquél entonces el planeta estaba compuesto

por mares ácidos, que ellos mediante reacciones químicas provocadas fueron transformando, sembrando vida y espora; contribuyendo así con la naturaleza, se instalaron en colonias submarinas, en lo que hoy sería la Antártida.

La tierra es el resultado de proyectos genéticos, hibridación y mestizaje; colonización, naufragios estelares y hasta deportaciones.

Los que vinieron después de los de la constelación del Cisne fueron los "hiperbóreos", esto fue en la Era Secundaria.

Luego emigraron quedando muy pocos en el centro o capital llamada Tulé o Tollán, cuando se produjo el desastre que precipitó el cambio de Era y la muerte de la mayoría de los grandes sauros, modificando así violentamente la geografía.

Recién durante la era terciaria llegan en forma definitiva los sembreadores de Vida o Ingenieros Genéticos, llamado los "Elohim".

Venían a terminar el proyecto, ya que debido a la depredación ocurrida por el accidente estelar había sucedido una gran mortandad.

El lugar seleccionado por los 7 Elohim fue el sur de Africa y un continente muy fragmentado y casi desaparecido llamado la Lemuria, allí descendió una nave invernadero para crear un clima especial artificialmente para experimentar la aparición del hombre.

La nave contenía plantas, insectos y animales de diversos lugares para incrementar la flora y la fauna.

Fueron varios los seres prehumanos incorporados al experimento y que fueron sometidos en una mayor adaptación a las exigencias del proyecto.

Los primeros seres de experimentos, eran andróginos, podían hacer las veces de macho o hembra.

Pero ésta fase del proyecto no prosperó, pues eran demasiado delicados y débiles para lo agresivo del plano terrestre.

Se decidió entonces dar marcha atrás, a través de operaciones quirúrgicas, volviendo a ser unos machos y otros hembra definitivos y definidos.

Dentro de la nave laboratorio, nuestros antepasados fueron reunidos y aleccionados sobre cuál habría de ser su comportamiento.

Se les dijo en aquella ocasión que no deberían comer jamás de las plantas del área de reserva por ser alucinógenas y podrían provocar visiones y percepciones para las que no estaban todavía preparados he impedirían en un futuro cercano que desarrollaran facultades que les correspondían para dominar aquello que va más allá de los sentidos físicos, además del deterioro de las neuronas, y el inicio de un proceso irreversible de muerte y destrucción celular, que ni aún los Elohim podrían detener, quedando con las auras afectadas, rasgadas a merced de entidades que siempre estarán al acecho. (Eso es lo que hace la droga).

La historia que sigue es muy importante, todo debemos conocerla, pero es muy larga y Sixto Paz Wells, con más conocimiento que yo, ya que el pudo recibir mediante sus viajes a otros planetas más información, relata todo en su libro "Contacto Interdimensional", que todos deberiamos comprar y leer.

Explica todo sobre los Atlantes, la raza roja muy adelantada por cierto, y támbién algo desobediente y por último los adámicos, que es la raza blanca, que surgieron mezclándose con las distintas razas.

Lo cierto es que a causa de sus transgresiones, abuso de poderes y conocimientos, existe en la Tierra la codicia, la maldad, la lucha por el poder, las guerras, la enfermedad, la muerte y también el sexo, como se conoce aquí en la Tierra.

Quizá sea por ese motivo, que el diablo en las cartas de Tarot, se lo, define como algo que viene de lo alto a penetrar en la materia ; significa éxitos que no perduran, referentes siempre al plano de la materia, "dinero obtenido por malas artes, lo corrupto, las enfermedades cancerosas, la ilegitimidad de un hijo, los bajos instintos etc", y se lo representa con los dos sexos haciéndonos recordar las polaridades, la dualidad, lo denso de la materia.

Pero también, paradógicamente, la palabra diablo suma $18 = 9$ igual que el nombre de Jesús que también suma $18 = 9$, el 18 que es número kármico o compuesto significa el conflicto entre lo material y lo espiritual las luchas, las guerras, paradógicamente los dos nombres tienen el mismo significado, con la advertencia de que la persona o entidad que lleve sobre sí el número 18 como karma, no debe buscar lo material, tendrá que soportar los sacrificios poniendo siempre la otra mejilla, que es donde radica la diferencia entre Jesús y el diablo, como podemos ver otra vez esta a la vista la polaridad, en este caso el bien y el mal.

Por otra parte el diablo en las cartas de Tarot esta identificado como $N^{o}\ 15 = 6$ El seis es amor romanticismo, conciliación, hermandad, deseos de perfección y el 15 tiene mucho que ver con la magia negra, el dominio, la suerte con el sexo opuesto, con la fortuna, los favores obtenidos.

Está simbolizado por una figura que posee ambos sexos y que además su figura se torna grotesca por las pezuñas en sus dedos y los cuernos, las deformaciones.

Como dije antes los dos son hijos de Dios ya que Diablo también suma 18 igual que el nombre de Jesús, el 18 indica que son personas abnegadas combativas, de acción muy rápidos mentalmente, francos, directos representan la acción agresiva el coraje, la guerra y el conflicto la originalidad la ingenuidad, la vulnerabilidad y la penetración (ya que como dije antes es la esencia divina penetrando en la materia).

La palabra amor suma $14 = 5$ que es el cambio, la relación con la magia de la tierra y el amor es mágico porque puede cambiar al mundo.

Pero volviendo al tema, todo esto que hicieron los ángeles caídos, o ULTRATERRESTRES Y SU TROPA en realidad era parte del PLAN DIVINO, EL GRAN PADRE, DIOS, para que "nosotros los humanos" aprendiéramos a evolucionar, a vivir con libre albedrío, a sentir, en lugar de ser puramente mentales, sabiendo de antemano lo que debemos hacer.

El que entorpeció realmente el Plan fue Satanás, el jefe de los Oriones, un extraterrestre que simpatizaba con Lucifer, y se plegó con los que le siguieron, cuando enojado bajó Lucifer a la Tierra.

Es el que pretende siempre gobernar desde las tinieblas.

Aquí, en la Tierra los humanos experimentamos todo, lo bueno y lo malo, para elegir o desechar lo que no nos conviene y así evolucionar, nuestra semilla es perfecta, nosotros la descomponemos, y luego nos lleva muchas vidas lograr volver a la perfección, pero esa es justamente la tarea que nos encomendaron, vinimos a experimentar.

Por eso cuando sufrimos por distintas razones, a veces son deudas kármicas, pero otras son sólo pruebas que debemos pasar para aprender algo y seguir avanzando.

Nuestro ego nos hace sufrir, no nos deja aceptar las cosas como vienen, nos pone impacientes y nuestra polaridad hace que una parte nuestra se rebele.

Es bien sabido que tenemos una parte positiva y otra negativa, y esa polaridad se extiende también al plano físico, todos tenemos una parte masculina y otra femenina en los casos de homosexualidad se desarrolla más la otra parte, esto es simple, deberían comprenderlo todos y aceptarlo.

El homosexual debería entender que no se puede huir de las tribulaciones, sino estar por delante de ellas.

Los seres humanos deberían aprender a no juzgar, que no se debe condenar a otros, que por el contrario, deberían tratar de comprender que nada es perenne en el mundo de las formas y que todos fuimos creados por Dios.

Que para trascender las limitaciones del nivel en que nos encontramos, es necesario tocar las esencias de un nivel más puro, superior. Enfocando continuamente estados más elevados.

Todo está dispuesto y nada es casual porque existe la ley armónica. Acaso no es prueba de ello la sincronía del Universo, sobre lo que escribía el Dr. Carl Jung. En computación llaman la ley de Zipf a la que demuestra que cualquier asignación de recurso, se trate de libros, palabras, máquinas de escribir, o de población humana caerán a su debido tiempo en una disposición armónica.

El profesor George Kingsley Zipf (1920-1950) fue el que descubrió cotejando en la computadora los patrones de población de las 50 ciudades más grandes de EE.UU., comenzando del año 30 que la más poblada era y sigue siendo Nueva York, la segunda tenía la mitad, la tercera un tercio y así continuaba hasta la decimoquinta que era también la decimoquinta parte de la población de Nueva York, o sea una perfecta armonía.

Entonces ¿por qué pensar que Dios se equivoca en algo si hasta en los más mínimos detalles nos comprueba que tiene todo controlado, que todo tiene un por qué?, ¿no será nuestra soberbia, nuestro ego que nos hace sentir que tenemos derecho a juzgar o criticar?...

LA CRITICA. LA BURLA

Siempre me molestó la gente que critica o se burla despiadadamente, por lo que ellos, consideran que son defectos, enfermedades, o cosas extrañas, porque la mayoría de la gente piensa que si los demás no tienen la apariencia o los gustos de ellos, son siempre los demás los que se equivocan, no analizan si son ellos los equivocados o quizá ninguno de los dos, simplemente son o tienen gustos diferentes. También sucede ésto con los homosexuales, desconocen el tema, pero se atreven a juzgarlos, a criticarlos, a burlarse o hasta decir improperios, incluso hasta los familiares a rechazarlos. Yo me pregunto con qué derecho, creen acaso, que son más que Dios, que saben más que él, su opnipotencia les hace pensar que Dios no tiene nada que ver con ellos, porque de ser así ellos lo sabrían.

Hay casos tremendamente tristes, en los que frente a una cruel enfermedad, la familia que desconocía la postura ante el sexo del enfermo, lo rechaza y cree tener justa razón, se sienten defraudados, ofendidos, no se dan cuenta que el hermano, primo o sobrino en cuestión no hace nada para ofenderlos ni mucho menos para defraudarlos, sus sentimientos y deseos o sensaciones le pertenecen exclusivamente a él, y no tienen porque justificarse ante nadie, es su vida y en todo caso es él quien tiene que responder. Acaso hacen lo mismo, con el hijo, primo, sobrino, tío que es mujeriego, ¿no verdad? a éste personaje, por lo general lo adulan y hasta cuentan sus "hazañas", no piensan que el también puede terminar con esa enfermedad.

LA BISEXUALIDAD Y HOMOSEXUALIDAD

Algunos psicoanalistas aseguran que la mayoría de los humanos son monosexuales, ya sean homo o heterosexuales.

Que bisexuales los hay, pero son pocos, sin embargo creo que no es tan pequeña esa proporción.

Hay muchos hombres y mujeres bisexuales, algunos casados, con hijos o nietos, los hay también que mantienen relaciones extramatrimoniales y que practican esas tendencias por medio de aparatos, pidiéndoles a sus parejas que se lo coloquen; lo consideran erotismo o fantasía, pero no es una explicación sólida o consistente.

Tampoco se explica que algunos homosexuales asumidos, mantengan esporádicamente relaciones con mujeres o viceversa.

Pero si hurgamos en lo más remoto de nuestra procedencia, tendremos esa explicación, además en otros planetas los seres son andróginos, sus cuerpos sutiles no poseen sexo, por eso al encarnar aquí pueden hacerlo con órganos sexuales masculinos o femeninos.

En nuestro planeta existe el karma y como antes expliqué interactúa en nuestra personalidad; además existe en nuestro cerebro, en el 90 % que no utilizamos; toda la memoria codificada de lo aprendido anteriormente y de lo que a veces extraemos algunos datos o recuerdos inconscientemente.

Estos recuerdos pueden producir esos cambios.

OTROS CASOS

Son muy frecuentes los casos en que de niños son violados por conocidos o amigos de la familia, familiares , tanto mayores como menores, en el caso de los niños un poco más grandes que se abusan de los primos menores o amigos, en algunos casos no sucede nada, se olvida y no influye en la tendencia sexual, pero en la mayoría de los casos no es así, sinembargo cabe preguntarse porqué ? ese acto influye sólo en el que es violado, si el violador también esta cometiendo un acto homosexual?.. Es indudable que aquí se está funcionando la ley del karma, seguramente ésto debía ocurrir de esa manera para que ese niño tuviera luego esa inclinación, probablemente el debía conocer lo que significaba pasar por esa situación, algunas veces es el karma de uno o también puede ser el karma de alguno de los padres, que muchas veces pagan sus hijos, sobre todo si llevan el mismo nombre, o lo han elegido ellos. Ya que nosotros sin saberlo muchas veces somos los causantes del karma beneficioso o no de nuestros hijos.

LA ENERGÍA DE LAS ALMAS GEMELAS

El 11 de Julio de 1991 bajó una energía vibracional a la Tierra, para filtrarse en nuestra esencia, cada uno de nosotros está sintiendo esa frecuencia vibratoria.

El que pudo retirarse a escuchar el sonido del silencio, el que aprendío a escuchar su propio selencio comenzó a sentir su conciencia, su verdadera esencia.

Esa energía, esa vibración, esa frecuencia es la que nos lleva a una busqueda constante de nuestro íntimo, del que es verdaderamente nuestro ser interno, el ser luminoso que vive en nuestras entrañas y puede transformar el presente eterno, que es la conciencia del espíritu, de la verdadera esencia, que hace que nos transformemos en los buscadores de nuestra esencia profunda, que nos permita escuchar el sonido del silencio. En ese proceso comienza el nacimiento del guerrero y la guerrera interior, que es el que se atreve a transformarse desgarrandose día a día, trasmutando y transformando sentimientos haciendo aflorar la esencia más pura. Para este fin se han construidos diferentes Templos sagrados de contactación, diferentes centros energéticos donde el ser humano a su tiempo comenzaría a concientizar que es la válvula vibratoria que se manifiesta en América, por ejemplo Machu Pichu, Uritorco, Teotihuacan, Pucará de Tilcara, centros arqueológicos que nos legado, Verdaderas Universidades de Conocimiento existentes en México, estos Centros Sagrados que están despertando después de los que despertaron en Tibet, India, China.) luego despertaron los del polo femenino desde EE.UU hasta México y desde allí a la Cordillera de los Andes). Cumpliendo de esa manera la s antiguas profecías de los pueblos nativos

Americanos y el fin largamente esperado y anunciado de los tiempos Dorados bajo la influencia espiritual de Asia. En los años 60 y 70 jovenes buscadores de la Verdad, se sumergen en el ascetismo oriental y en el contacto con gurúes exóticos, esto es sustituído en los 80 por aquellos que se acercan al misterio sin intermediarios. Estos nuevos seres, esta nueva raza de científicos del Ser, están abiertos al Poder del Gran Espíritu y de la Madre Tierra, viven ajenos al fanatismo doctrinal y a las devociones infantiles, están focalizados en la experiencia directa de la Totalidad , que incluye tanto el mundo de lo desconocido como los mundos sutiles o invisibles que nos rodean. Su actitud deja a un lado las creencias , los miedos y las revelaciones del pasado, para centrarse en el logro de una vida pracmática, Universal y capaz de reproducir en cada persona implicada, una experiencia semejante. Estan despertando desde México hasta Tierra del Fuego, todos estos Centros Energéticos, están naciendo o despertando Los Sellos Sagrados y manifestándose un proceso energético donde el Ser Humano se comenzó a integrar a nuevas escalas vibratorias para que una vez completado pueda ingresar a otras escalas vibratorias para luego pasar a otros niveles de Consciencia, como muchos lo han hecho y así llegar al Templo que se llama Palenque, es un Templo donde el Ser Humano, puede entender que es su Alma Gemela, donde se encuentra el depósito de su Ser Almico (que se halla en nuestra frecuencia vibratoria), es una mente distinta a la nuestra que solamente quiere razonar y pensar para entender la existencia, y para entender la esencia de la existencia no debemos utilizar el intelecto, sino aprender a vibrar con el Ser, con la esencia que es la que nos sostiene y mantiene, para que de esa forma se logre verdaderamente penetrar al consciente Supremo para poder entender la

Magia de la Existencia y penetrar sin tanta búsqueda, porque la búsqueda está en el vacío en donde no hay explicación, es vaciarse de toda información, para entonces nacer al principio de lo eterno, al principio consciente que se manifiesta a través de quién les dio la vida , el Padre Universal, ese Creador absoluto que permite a cada instante, a cada momento que tu corazón palpite y para ello debes conocer y comprender la esencia de la Tierra, sentir la esencia del viento, del agua contactar con la naturaleza es así como nos podemos fundir con nuestra Alma Gemela, que esta en otra Dimensión y que para ello necesitamos abrirnos integrarnos a la esencia del Ser, al verdadero movimiento del espíritu, no en la personalidad, ya que el cuerpo es solo prestado, por un tiempo, en el que debemos aprender a amarlo a conscientizarlo para luego poder entender el espíritu, vivir como seres humanos, con normas y limitaciones que no nos van a dejar fluir y encontrar la esencia de la existencia, la religión tan sólo nos va a marcar, a mostrar algo importante dentro de nuestro crecimiento, pero la esencia es la que nos va a llevar a entender el porque estoy aquí, el cómo puedo readap tarme a la frecuencia planetaria para fundirme con mi ser álmico, para poder conscientizar esa parte del alma gemela, porque uno la busca y piensa que el alma gemela es la pareja ideal, color de rosa, que llegará a tu vida sobre el caballo alado y con un toque transformará tu existencia, y esa no es tu alma gemela, la reconocerás cuando transformes tu espíritu para poder unirte y entrelazarte, fundirte con la mujer o el hombre pero conscientemente no solo es tener una pareja que se lleve bien en el aspecto carnal, porque eso no es un alma gemela; no se debe ver desde la parte sentimental, de soledad, o porque se tienen carencias y no quieren enfrentarse a la realidad . El alma gemela es la fusión de la energía vibratoria real que te lleva a entender la magia, no es la pareja que uno busca para satisfacer nuestras apetencias, es algo más completo, se puede lograr cuando el ser en su búsqueda interior consigue el verdadero equilibrio, la verdadera comprensión, es la relación que dura toda la vida y sigue. Porque al transformarse el Ser, realmente, recién entonces puede recibir la energía del alma gemela. No se debe buscar desde la personalidad, porque sólo encontrarán circuitos que se deben completar porque se tienen que cerrar. Pero con el alma gemela eso no sucede, es una energía que se tiene que conscientizar, es un ser luminoso con el que al fundirse se forma un triángulo, que se tiene que entrelazar para formar un ser luminoso que debe alcanzar la triangulación Cósmica.trasformación del Alma, (Nagual), que representa la transformación del corazón (Jade), que a su vez simboliza el pensamiento, sentimiento y acción, así podrá entonces comprender qué es la vida, la existencia, manteniendo una sola línea que es Dios, la esencia que permite la transformación del espíritu y de todo aquello que nos rodea, por eso debemos ser conscientes y a través de esa concientización de estos centros sagrados lograremos abrir nuestro ser interno a otras dimensiones así todos los Centros energéticos serán nuestros maestros y nos ayudarán a transitar por el nuevo sendero. viendo la vida desde otra perspectiva, entendiendo la parte humana y egoísta, que siempre piensa en lo que necesita, en lo que quiere, que debe encontrar la felicidad, la paz, la gloria, el poder y todo lo debe encontrar afuera o se lo tiene que dar otro, no saben, que todo eso esta dentro de cada ser El ser humano no quiere enfrentar sus falencias, sus temores, siempre esta buscando un espejo, vemos espejismos y queremos cambiar a cada ser humano que llega a sus vidas, porque solo piensan en sus satisfacciones en satisfacer sus carencias, lograr sus propósitos y después de un tiempo, se cansan de esa pareja y buscan otra , con la que deben comenzar otra vez la tarea, porque hasta que el ser no aprende a dar, es una máquina de pedir cosas, no sé porque motivo se cree con derecho a pedir tanto, como si se lo debieran y, y cuanto más consiguen más egoístas son y más piden. Pero no se atreven a dar, a transformarse a verse dentro del cristal más transparente, más puro. Porque el espíritu puro no se mancha, es perfecto, lo que se mancha es la personalidad, tus pensamientos mal canalizados, y solo es cuestión de transformarlos, porque los problemas no existen, sólo existen en la mente, sólo existen las soluciones, que surgen desde la esencia, no debemos buscar soluciones desde la personalidad, porque implicaría llenar de carencias, no vibrar con el verdadero amor con la verdadera cristalidad que los sostiene y los mantiene dentro de sus verdaderas esencias que vienen a cumplir un ciclo, el ciclo vibratorio que mencioné anteriormente, que deberán completar para formar una gran célula es por eso que se relacionan con la pareja, porque son circuitos que deben cerrarse por karma o por consientización del Ser luminoso porque hablar del alma gemela es hablar de la transformación del Ser espíritu luminoso que tiene que entrelazarse en la Triangula ción Cósmica, para engendrar a esa esencia que se encuentra en la cuarta Dimensión y en la Quinta Dimensión también, la cuarta Dimensión es como cuando uno sueña, es una frecuencia vibratoria que los lleva a un sueño o un reposo, semejante al momento en el cual fueron enviados a la Tierra a través del cuerpo de sus madres, en ese momento se filtró una esencia Cósmica llamada Espíritu en tu alma, se concentró en tu corazón crístico, que es la esencia que permite la comprensión del movimiento Universal cuando ustedes fueron engendrados y tomados esa parte en ese cuerpo tenían , una misión, un objetivo en la tercera dimensión llamada Planeta Tierra y no tiene nada que ver con la tarea que realice día adía desde la personalidad, sino con entregarse verdaderamente a su ser interno, entregarse en consciencia para poder unificarse y despertar esas válvulas vibratorias en otras dimensiones, todo eso esta codificado en nuestro cerebro. Esa cuarta Dimensión donde se encuentra esa parte de nuestro ser debemos de conscientizarla , cuando podamos lograrlo y nos fusionemos con la mente de nuestro Ser, entonces lograremos la conección y la comprensión para el movimiento vibratorio de nuestras parejas, desde la primer persona que llegó a tu vida, para entender el movimiento vibratorio es que se sienten las primeras sensaciones desde la niñez, todo lo que vas viviendo día a día tiene un porqué, "todo es causalidad" todo tiene causa y efecto que es lo que nosotros conocemos por Karma.

MAFRODITA

Tenemos el caso de Juana, que antes se llamaba Juan Carlos, que es mafrodita, y no es el único caso que existe, recién el juez le acaba de otorgar el derecho de llamarse Juana, desde los 14 años sintió la inclinación muy marcada al sexo femenino.

Este es un ser, que a mi entender, vino a la tierra para señalar o recordar nuestra procedencia.

Es una forma de mostrarnos que existen otras formas y recordarnos que nosotros descendemos de seres que podían utilizar ambos sexos.

LAS POLARIDADES LA DUALIDAD

He tenido oportunidad de conocer, ser amiga, y tratar a muchos homosexuales.

Sé del sufrimiento que produce ser diferente, que los demás lo consideren raros, que los rechacen, la angustia y la ansiedad que provoca ese rechazo. Conozco por ejemplo jóvenes que deben elegir apartarse de su familia a la que aman profundamente, para evitar que se enteren, por miedo al rechazo.

En realidad la diferencia sólo existe en la forma física y en la incapacidad de la gente para aceptar algo distinto; pero jamás consideré a la homosexualidad como un defecto o una enfermedad, como muchos han tratado de hacerla aparecer.

Considero y estoy firmemente convencida de que la homosexualidad tiene que ver con las causas y efectos de la Ley de la Naturaleza, ya sea por recuerdos kármicos o por lecciones que debido a sus deudas kármicas la persona debe aprender en la presente vida, además de ser un recordatorio de que existe la dualidad y de que en otros planos más elevados no existe el sexo.

También hay una explicación para aquella homosexualidad que se despierta tardíamente, muchas veces el cambio se produce después de algunos desengaños. Pero ese sólo es el medio para llegar aunque no la causa, ya que una vida nos permite vivir diferentes etapas de varias reencarnaciones.

Habrán observado que mucha gente cambia su forma de ser, su modo de vida, una, dos y hasta varias veces, puede darse que un fuerte dolor o desengaño lleve a la mente a despertar recuerdos de momentos más felices de vidas anteriores y que esos recuerdos pertenezcan a una vida en la que tenían otro sexo, y es entonces como inconscientemente, se despierta la homosexualidad y se produce el cambio.

Hay cambios muy notorios por vivir distintas reencarnaciones, sin ser éstos casos específicos de homosexualidad; hay personas muy conocidas, como por ejemplo, el caso de Brigitte Bardot, que de una vida frívola, con gran éxito, fama, se apartó del ruido y se dedico a la ecología y a proteger a los animales.

El caso de Eva Perón, que evolucionó tres veces en una plena e importante, aunque muy corta vida, en la que hizo mucho por los niños, los pobres y por la mujer, cumpliendo así velozmente su evolución.

Mi vida también sufrió grandes transformaciones; viví distintas etapas de distintas reencarnaciones, poco a poco fui aprendiendo el desapego a lo material, comprendiendo que el dolor, la enfermedad, las pérdidas afectivas, sólo existen en la mente. Que no se debe juzgar ni condenar, que se debe aprender a perdonar y perdonarse, que el amor sin posesión se debe sentir por toda la humanidad; como por las plantas, los animales, las piedras que también evolucionan.

Pero en el caso específico de la homosexualidad, queda claro que no es una desviación, ni una enfermedad, sino un recuerdo kármico o quizás la prueba latente de que existen otras formas de vida diferentes a la nuestra.

Quizás Dios quiera recordarnos nuestro origen, con la presencia de ellos.

Existe en el ser humano la polaridad masculina y femenina, como existe el lado positivo y el negativo, tanto de una personalidad como de la electricidad, por ejemplo.

Algunas veces es más fuerte la parte femenina o masculina en determinadas estructuras humanas o de carácter, eso queda reducido en la mayoría de los casos al carácter, por eso es que vemos mujeres con una fuerte personalidad, con don de mando, con gran ego, autoritarias, muy seguras de sí; en esas mujeres está actuando más fuerte la personalidad masculina, sin que eso afecte para nada su parte sexual y vemos también hombres en los que sucede todo lo contrario y tampoco afecta su virilidad.

Sin embargo hay casos en que toda esa fuerza masculina en una mujer o femenina en un hombre se extiende y afecta la totalidad de la personalidad, y es allí donde nos encontramos con hombres o mujeres que no aceptan ni actúan de acuerdo a su sexo.

Considero que no por eso deben ser marginados, rechazados o tratados de "raros"; ya que todos somos hijos de Dios; El nos creó y por algún motivo así los hizo.

Recuerden esta frase que es parte de la explicación que anteriormente di del Karma: "Toda VIDA ES EL RESULTADO DE UNA SERIE ÚNICA DE CAUSAS Y EFECTOS".

EL DESTINO DEL HOMBRE EL ALMA

La Tierra cumple ciclos y a medida que se van cumpliendo fluyen energías superiores y su efecto estimula las partes y aspectos de la vida física, dicho estímulo puede producir tanto efectos buenos como malos.

Por ese motivo se acrecienta el mal, como también la apertura hacia una elevación espiritual y una apertura de conciencia, si el choque de estas energías produce reacciones materiales y el hombre se ve atraído por ellas entonces domina la materia sobre lo divino, si la energía es corrompida para fines materiales, por ejemplo, las relaciones sexuales en el plano físico realizadas con fines materiales trae como resultado el mal.

Pero en cambio la misma energía divina que actúa en el reino del amor fraternal produce sólo el bien, explicaré de dos formas éste tema porque ambas demostrarán el interés que despierta el tema por el gran despliegue de la sexualidad actual.

Estamos en un punto culminante de un ciclo en el Planeta que es la era de Acuario, el séptimo rayo, rayo de la ley y el orden, siendo eminente la venida del Cristo, estos tres puntos importantísimos son causantes de las dificultades y el caos actual pero al mismo tiempo (por que no podría ser de otra manera) son responsables de la apertura actual de conciencia Universal, de la búsqueda del ser humano de la Verdad, de la Comprensión, del Espíritu de Colaboración y la Hermandad, la Unificación Religiosa, etc..

Quiero decir que tanto los humanos como la naturaleza tendrán una importante evolución, se desarrollará el poder del pensamiento, se desplegará la facultad de discriminar permitiendo así al hombre elegir y desarrollar la esencia de lo valores pudiendo de esa manera separar lo verdadero de la falso, ya que esa apertura de conciencia le permitirá tal selección pudiendo así sentar las bases de un nuevo orden que introducirá la nueva raza, con sus nuevas leyes y nuevos acercamientos estableciendo la Hermandad de los seres humanos, El Amor y el bien grupal será lo que predomine, desvaneciendo así la separatividad y el odio, para que los seres humanos se fucionen en verdadera unión. Aunque no deben dejar de pensar que así como se acrecienta el amor, la hermandad y la bondad también crece el odio, el deseo material, ya que una energía crece igual que la otra, todo depende de la elección que el hombre haga. El hombre puede forjar su propio destino , en realidad es lo que hace, y debe hacerlo a su voluntad ya que el libre albedrío así lo indica , lo formará o lo deformará y actuando con las energías de la naturaleza, que son poderosas y subyacentes, se pone al unísono en armonía con la Naturaleza, pasando a ser un colaborador de la misma al igual que los dioses. El alma sigue creciendo lenta e inxorablemente, vida tras vida en su largo peregrinar al rededor de la montaña y hasta en otros sistemas Planetarios completa su aprendizaje, ya que el alma no reencarna sólo en la Tierra, está construída en el marco de los tres átomos permanentes, requiere tiempo y está regido por Ley, las leyes que rigen el despliegue del Loto egoico son las leyes del karma. Sus pétalos son despertados y estimulados a plena floración por un principio simple. San Pablo anunció " aquello que el hombre siembre , será lo que recogerá."

En el nacimiento de un alma humana se siembran semillas, en la floración del alma, allí, es donde se produce la cosecha o maduración. Las eternas leyes del Karma rigen la reencarnación . La enfermedad es como el proceso purificador por el cual, el alma, puede vencer los hábitos que la han retenido por muchas vidas. A veces por mwedio de una enfermedad, es como puede mantenerse o asentarse sobre su forma material, frente a la evolución y el crecimiento rápido, éstos puntos son vitales por ejemplo, en la consulta con un paciente, especialmente si sufre una enfermedad crónica o terminal. Muchas veces el propósito de una enfermedad es colocar a la persona en una situación difícil que le permita conseguir un cambio de actitud mental o emocional que le permita al alma crecer. Un curador holístico o esotérico, sabe por ejemplo que ningún esfuerzo puede hacer desaparecer por completo una enfermedad, sin tratar primero el mundo de las causas, porque de lo contrario desaparecerá el problema por un tiempo. Se debe recordar que las causas puestas en movimiento, sólo se pueden neutralizar por su efecto.

Una palabra tiene gran importancia, una palabra dura, mala, pronunciada en una vida anterior puede volver como una represión en una vida posterior.

El gran pecado que conduce más que otros a cualquier enfermedad es el egoísmo.

El alma está incapacitada de alcanzar el cuerpo de una personalidad equivocada que se deja llevar por el egoísmo, por lo que la persona cae en una grave enfermedad, que es un proceso que rompe las cadenas del egoísmo y la purifica de su corrupción, pudiendo así conectarse con su alma.

EL EGOÍSMO, LAS POSESIONES

Un ser egoísta, podrá por su audacia o inteligencia, tener éxito, fortuna, aunque le faltará siempre la paz interior, la felicidad que da el verdadero conocimiento y el amor, por que el ser egoísta no se ama ni siquiera a si mismo, mucho menos puede amar a los demás.

Colocar todas las expectativas en cosas materiales nos vuelve egoístas, deseamos poseer los objetos, las personas y los lugares; actuamos egoístamente.

E l egoísta no vive ni piensa, se expone a mil enemigos reales o imaginarios.

La vida se la escapa sin cesar, hasta hacerse indiferente y se embrutece.

En realidad debemos hacer exactamente lo opuesto, por que todas las posesiones materiales deben tener fin.

Hay que abrir el corazón a los goces y pesares de los semejantes.

Nada es perenne en lo físico; el que se aferra a los efectos materiales debe sufrir el hecho de verlos perecer o desaparecer.

Por eso el desapego es la base principal para lograr elevación espiritual y hacer el último sacrificio más preciado: la renuncia a su ego inferior, a la personalidad; es la plataforma para cualquier persona que quiera subir un eslabón en la evolución.

Con cada vida traemos una personalidad que mediante la transición o cambio de estado, al que llamamos muerte, abandonamos; es la muerte del cuerpo físico o vestido que llevamos recubriendo el Alma, que es nuestra verdadera esencia.

Es una práctica para la muerte de la personalidad que se produce con la psicosíntesis.

El Karma nos libera de nuestras ataduras con la misma seguridad que en el último caso, lo hace la enfermedad, ya que las ataduras sólo se manifiestan en el plano astral.

La sustancia astral se manifiesta en los sentimientos. Una persona que es todo sentimiento, todo astral, todo emocional, es candidato por excelencia para la enfermedad porque está centrado en el hecho más cargado de karma. Carl Jung dijo: "Cuanto mayor es la fe de una persona más duramente deberá trabajar, y ese trabajo deberá hacerlo por la humanidad".

Existen infinidad de casos en que las personas están como atrapadas en una vida de penas y sufrimientos o enfermedades físicas o psíquicas; y muchas veces las escuchamos quejarse, creyendo estar abandonadas de la mano de Dios; en realidad no es así, estas personas seguramente han cometidos actos y pensamientos negativos, o han tenido sentimientos de celos, envidia, odio, rencor, repulsión, etc., hacia otras personas; vinculándose así en forma kármica a los seres que los recibieron regresando como un bumerang a quien los emitió y tornándose así en una vida difícil, desaventurada.

EL SEXO Y LA ENFERMEDAD

Partiremos de la base de que la enfermedad y los impedimentos físicos no son el resultado de tener pensamientos equivocados, es por el contrario el resultado de no pensar, o el fracaso en acatar esas leyes fundamentales que rigen la mente de Dios. Existe una ley que rige todos los procesos de la Naturaleza que se llama la Ley del Ritmo, que el hombre debiera acatar y no lo hace. Gran parte de sus enfermedades o dolencias son provocadas por ese motivo ya que el hombre hace uso y abuso del impulso sexual. Esta forma de actuar del hombre la podemos llamar Ley de la Periodicidad. El hombre no esta regido por la manifestación cíclica del impulso sexual ni su vida es gobernada por un ritmo definido, excepto los ciclos menstruales de la mujer, a los cuales en la actualidad se les presta muy poca atención. Sin embargo, el hombre no está regido por tales ciclos y ha roto también el ritmo al cual debe estar subordinado el cuerpo femenino y que (bien entendido determinaría el uso de las relaciones sexuales, incluyendo lógicamente también el impulso masculino. Este fracaso en vivir de acuerdo a la ley de periodicidad y en subordinar los apetitos al control cíclico, es una de las principales causas de las enfermedades; a medida que estas leyes adquieren forma en el plano mental, podría decirse legítimamente que su infracción tiene una base mental. Esto podría ser así si la raza trabajara mentalmente, pero no lo hace. El mundo moderno esta cometiendo una grave infracción a estas leyes mentales, particularmente la ley de los Ciclos que determina las mareas, controla los acontecimientos mundiales y debería condicionar tamvién al individuo y establecer hábitos rítmicos de vida, uno de los mayores incentivos que predispone a la buena salud.

En la época Lemuriana , el énfasis de esa raza fue puesto sobre el cuerpo físico, su desarrollo empleo y control; sobre todo su perpetuación o reproducción. En ese entonces se iniciaron las dificultades provocadas por el abuso de la vida sexual. De los Lemurianos heredamos las principales enfermedades venéreas, por la que murieron tanta gente, (Sífilis). Estas enfermedades fueron remanentes de la época de los Lemures, de sus excesos, fue en sentido peculiar, el mal esencial primitivo, y este hecho es mencionado en las antiguas leyendas e insinuaciones halladas en los anales y escritos más remotos. Existen muchos testimonios mal interpretados al respecto, y cuando los hombres puedan leer los anales con más exactitud e interpretarlos correctamente, hallarán el camino de salida pues verán con más claridad las causas subyacentes . El Cáncer fue legado por los Atlantes, al hombre moderno. El flagelo de ésta enfermedad fue el principal factor desbastó a la antigua civilización Atlante. Las raíces de este terrible mal están asentadas profundamente en la naturaleza emocional y de deseo, y cimentadas en el cuerpo astral. El cáncer es parcialmente el resultado de la reacción a las enfermedades relacionadas con la vida sexual, que tanto prevaleció en los últimos días de la Lemuria y primeros días Atlantes. La gente de tales épocas, viendo los pavorosos males y la extensión de las enfermedades, surgidas de la fértil vida en Lemuria, resultado de la promiscua vida sexual en todas partes, a fin de lograr la autopreservación detuvieron la afluencia natural de deseo (procreación y reproducción), y esto a su debido tiempo produjo otros males. El cáncer primordialmente es una enfermedad producida por la inhibición, así como las enfer medades sifilíticas y el sida en la actualidad, son causadas por la superexpresión y el excesivo abuso de un aspecto del mecanismo del hombre.

ANATOMÍA ENERGÉTICA

Poseemos además de una anatomía física, poseemos una muy compleja y sutil que es energética, la cual regula nuestras mentes, emociones, nuestras facultades psíquicas y espirituales. Adem ás existen otros sistemas, pero nos abocaremos a éste. Existen siete cuerpos, cada uno regido por siete facultades y condicionados por siete rayos.

Cada persona funsiona de siete diferentes maneras, estas maneras se llaman siete cuerpos o niveles de consciencia . Más allá de éstos siete cuerpos existen cinco dimensiones más que desde nuestro nivel de comprensión se ven como el Espíritu Puro o Fuerza Cósmica. Cada uno de nuestros siete cuerpos básicos pertenecerían de alguna forma a una percepción y esta compuesto de una sustancia, que para nuestros propósitos veremos como partículas en diversos grados de densidad o condensación. Cada cuerpo vibra a una frecuencia o grado específico. La totalidad o la fusión de éstos siete cuerpos funsionan como una orquesta. La calidad del sonido dependerá del empeño de cada una de las partes.

Ahora podemos vernos como realmente somos un conjunto de energías , lo que nos falta comprender es que con mucho tesón podremos llegar a aprehender que este circuito energético que somos es totalmente programable. Prueba de ello es el hecho de que nuestra mente ya ha sido programada por nuestra sociedad, por nuestros padres, nuestro medio ambiente, nuestra época, nuestra cultura, para que actuemos, creer y sentir de ciertas maneras. En realidad nos pasamos la vida condicionándonos, desacondicionándonos, reacondicionándonos a nosotros mismos. Nuestro mundo inmediato es una creación mental, el resultado de la mente sobre la materia, como ya explique en Triadas y Dinastías de los Angeles, somos oleografías. Y aunque el comportamiento humano ha sido percibido en términos de patrones mentales, nuestra mente no tiene el alcanse todavía para comprender lo que la mente realmente significa, perdemos muchas veces el tiempo buscando poderes inútiles y egocéntricos y nos desviamos de su verdadero poder elevado. Entendemos muy poco de la mente de lo que ella significa nisiquiera a la luz de Freud y de Jung y sus conocimientos de los niveles sub y supraconscientes. R ecién comenzamos a utilizar una mínima fracción de nuestro cerebro.

Tampoco podemos saber mucho de nuestro físico, porque la medicina hace un estudio fragmentado , divorciando el cuerpo de la mente. Aún los estudios de enfermedades sicoso máticas ofrecen una visión superficial. La ciencia desconoce que resorte hace funsionar al hombre física sicológica y espiritualmente, principalmente porque no abarca los reinos del arte y la metafísica . Todavía hay muchas respuestas sin contestar, nuestra pobre comprensión no alcanza para desenmarañar todos los misterios, pero en cada cosa que observamos veremos una presición y un calculo perfectos, nada esta puesto por descuido todo tiene una razón un porque. Dios es infinitamente sabio y justo y Jesús el más grande Alquimista de todos los tiempos. Insisto la homosexualidad tiene una estrecha relación con el Karma, con el comienzo y el fin de la creación.

EL APRENDIZAJE: LAS VIDAS ANTERIORES

El Karma, como dije antes, no es un castigo es un aprendizaje. Es justo que si en una vida anterior estas personas enseñaron el sufrimiento a otros seres, en ésta les toque aprenderlo y en la medida en que ésto se acepte o se aprende se corta el karma.

Éste se hace más pesado y mucho más duro cuando no se acepta, cuando uno se revela o se autocompadece, o el ego reacciona devolviendo, preguntando porqué a mi me sucede, o se deja embargar por el odio, el rencor y el resentimiento hacia otras personas.

Se debe aprender a aceptar el sufrimiento, a ver nuestros propios errores, a perdonar.

En nuestro cerebro están codificados todos los aprendizajes de nuestras vidas pasadas; en muchas de ellas, que fueron muy fuertes, no concluyeron nuestros aprendizajes, son las que persisten; por lo general en distintas etapas, vamos cerrando materias, rendimos exámenes.

Como algunas materias son fáciles y leves las damos rápidamente, algunas nos cuestan un más y en lugar de aprender volvemos a repetir los mismos errores, ahí es donde se hace más difícil el aprendizaje.

Muchas veces sucede que en vidas anteriores pudimos haber sido muy adelantados a la época, haber sido muy liberales, habiendo soportado las críticas de la sociedad pero en esta vida hacemos todo lo contrario, nos preocupa el que dirán, y podemos ser muy recatados o tímidos.

En los casos en que pudimos ser muy agraciados, sentiremos inexplicablemente el rechazo del sexo opuesto, por eso hay personas que sin ser demasiado bonitas tienen aceptación y se ven muy asediadas, seguramente porque en una vía anterior ocurrió lo contrario.

He conocido el caso de una pareja que reiteradas veces fueron marido y mujer, que se han amado mucho en otras vidas, pero fueron amores turbulentos, en los que han sido infieles y han terminado en tragedia.

En esta vida vuelven a encontrarse y vuelven a cometer el mismo error, pero no terminaron mal, gracias a la intervención del alma gemela de una de ellas que evitó que esto sucediera.

A veces esas son algunas de las misiones por las que nos reencarnamos en la tierra; ayudar al alma gemela que está a punto de caer en desgracia.

No sólo puede influir en la vida presente de un hombre el fuerte recuerdo de una vida anterior, en la que fue mujer o de varias vidas seguidas como mujer, sino que también puede ocurrir que el alma baje para ayudar a cumplir una misión específica a otra persona que fue novio, esposo o amigo, y que no puede aceptar el rol que debe ocupar y el sexo que le fue impuesto, por los fuertes recuerdos kármicos como mujer.

Además puede ocurrir que deba venir bajo esas circunstancia, para que el padre o la madre la acepte o aprenda de esa situación.

Aunque no hay que descartar el hecho de que Dios así lo quiso por algún motivo, y si así fue es porque algo quiere que recordemos. Algunos hermanos mayores en evolución enseñan a otros evolucionar y algunos otros están para entorpecer ese camino. Porque así fue dispuesto también.

Si alguien recuerda las muchas vidas anteriores se llevará algunas sorpresas, verá que distintas reencarnaciones pudo tener y también encontrar algunas similares; esas son las que muchas veces se repiten para evolucionar.

Encontrarán que pudieron ser esclavos o tratantes de blancas o haber preferido la inquisición y también haber sido un tirano o poderoso, un payaso, un arquitecto o un marino, judío, católico, etc.

En el grupo de ángeles hacemos regresiones y es muy interesante, también nos reímos mucho al comprobar algunas de nuestras reencarnaciones.

Eso ayuda a comprender mejor los distintos aprendizajes que uno vino a trabajar o las diferentes etapas de nuestras actuales vidas, porque son cosas que debíamos terminar.

Como el alma también evoluciona hasta que pueda integrarse al Todo, muchas veces seguimos un mismo trabajo durante varias reencarnaciones, cada vez evolucionando más.

Porque nunca nos bochan y volvemos al jardín de infantes, pero si repetimos hasta que aprendemos y pasamos de año. Como también se pueden dar libre dos o tres años en una vida como en el caso de Eva Perón.

Puede ocurrir que una persona no haya aceptado la homosexualidad en una vida anterior, habiendo hecho sufrir a otro ser por ese motivo. En la actual debe de experimentar el dolor que ocasionó a otros; la otra cara de la moneda.

Pero de ninguna manera se puede asegurar, que el hecho de tener padres castradores o dominantes, sea la causa que determine la homosexualidad en un niño o adolescente.

Sí, puede ayudar en algunos casos a desencadenarla más rápido. Pero la realidad es que es parte de su karma. Como el alma debe evolucionar para poder integrarse al Todo, muchas veces seguimos un mismo trabajo por varias reencarnaciones, cada vez evolucionando más.

Porque por lo general no nos bochan y volvemos al Jardín de infantes, pero sí repetimos hasta que aprendemos hasta que pasamos de grado.

Frecuentemente en terapia se presentan casos de homosexualidad que han sufrido vejaciones siendo niños, abusos sexuales por parte de familiares, amigos o vecinos, y por lo general ellos creen que a raíz de losucedido se les despertó la homosexualidad, y eso tampoco es cierto.

No es así, aún cuando sucede entre chicos de la misma edad o de pocos años de diferencia, en realidad esas también son deudas kármicas que en esta vida se cancelan.

La homosexualidad no se despierta por acontecimientos en esta vida, siempre proviene del Karma, tiene una directa relación.

He conocido muchos casos en los que, por ejemplo, se le culpa a la madre por que trataba al hijo varón como si fuera una nena, incluso lo vestía como tal, le hacía jugar con muñecas, lo maquillaba con rubor, se le prohibía la relación con varones de su edad, que eran de su barrio, por considerarlos inconvenientes para su hijo, se le daba tareas características de una mujer, y sin embargo, no despertaron su homosexualidad.

Lo que deja bien en claro que si no hay una relación kármica, o no es una parte del aprendizaje que todo ser debe experimentar, estas características no aparecen en el individuo.

Existen casos de chicos que han soportado ese tipo de situaciones, y siempre se las arreglaron para vivir como varones, y más tarde como hombres sin tener ninguna inclinación por personas del mismo sexo.

Sí, han tenido traumas, provocados por la falta de aceptación o de cariño por parte de su madre, que pudieron crearle otro tipo de conflictos, pero no relacionados con la sexualidad.

También se dan casos de homosexuales, hijos de

madres que nunca han sido autoritarias, ni castradoras, que no han influido para nada en la psiquis del niño, y sin embargo ese niño tiene inclinación homosexual.

No se necesita un escenario propicio o adecuado para sentir que es otro el sexo que predomina.

Muchos lo asumen de entrada, a otros les cuesta más, y sufren por sus familiares o porque intuyen que eso les acarreará problemas; algunos sienten culpa por considerar que causan un gran dolor a sus padre, o vergüenza por el "que dirán".

Hay muchos casos en que esos sentimientos afloran tardíamente porque existe una fuerte lucha interna por modificar esa situación, que parte de su personalidad que no lo acepta, y le acarrea grandes conflictos hasta que en algún momento la asume.

He conocido la lucha de jóvenes por "corregir su defecto", por que así se lo hacían sentir sus familiares o amigos. Ese sentimiento de culpa por "fallarles" a sus progenitores; los hacía esforzarse por tener relaciones con alguna joven que conocían y por la cual sentían un gran afecto, pero de pura amistad, que se autoengañaban para probar si podía resultar y algunas veces hasta resultaba sexualmente por un tiempo, se autoconvencían de que si podían pero no era así, en algún momento afloraban sus verdaderos sentimientos y hasta llegaban a competir frente a otro joven, o con los quehaceres domésticos.

Es muy difícil en estos casos que estas personas salgan ilesas de estas situaciones por regla general, estas "pruebas" les acarrean peores sufrimientos, traumas a veces, o por lo menos un profundo sentimiento de culpa, e insegurudad o rencor.

No se puede forzar a la naturaleza, no se puede remar contra la corriente.

PLANETA ESCUELA

Muchas veces habrán escuchado decir que este es un Planeta escuela y es cierto, se lo llama así, porque venimos a evolucionar y aprender y para ello vivimos distintas reencarnaciones, en las que somos muchas veces distintos, buenos , malos, regulares, ricos, pobres, importantes, mejeres, hombres, nacemos en distintos países, muchas veces nos toca vivir lo que criticamos en elos demás, también lo que les deseamos a otros, bueno o malo. Algunas veces las palabras emitidas con mucha fuerza deseandoles mal o de enojo con otras personas nos vuelven en otra vida convertidas en hechos insólitos que nos perturban sin explicación .

Algunos hermanos mayores en evolución enseñan a otros y también están los que entorpecen ese camino porque es su trabajo.

Como el alma también evoluciona para poder entregarse al todo, a veces debemos terminar un trabajo o aprendizaje en varias vidas. Este es el motivo por el cual puede suceder que si en una vida anterior hicieron sufrir a álguien por ser homosexual en esta les toque vivir de esa manera y aprender esos sufrimientos, la otra cara de la moneda.

Pero de ninguna manera se puede asegurar, que el hecho de tener, padres castradores, necesariamente el hijo deberá ser homosexual, por el contrario, conozco infinidad de casos así y no se les despertó jamás. En cambio hay casos de padres que para nada son dominantes y tienen varios hijos y uno es homosexual. La homosexualidad no se despierta por acontecimientos en esta vida, pueden quizá algunos acontecimientos desencadenarla más rápido, o pueden servir de escusa, pero nada más.

Yo he conocido madres que trataban al varón como si fuera una nena, que hasta lo vestían como tal, y lo hacían jugar con muñecas, o a las figurutas con otras nenas y no les afectó para nada. También conocí un caso que era al revés el niño quería siempre jugar con las nenas se maquillaba y se disfrasaba de mujer, le gustaban las muñecas, jamás asumió que era un varón desde su más tierna infancia.

LA NEGACIÓN

Muchas veces se tapa o se niega esa verdadera personalidad y se vive una doble vida.

En esta vida uno se conecta con personas con las que ya se ha compartido distintas reencarnaciones, muchas veces invertidos los roles, otras no.

En algunas ocasiones puede darse que el hijo en esta vida haya sido el padre o el hermano en otra, o el amigo, o la mucama.

En las parejas de amantes suele repetirse la historias varias veces invirtiendo los roles o las situaciones, hay muchas parejas que por algún motivo no han llegado a ser felices en otras vidas y se les brinda la oportunidad en ésta, deben de terminar un aprendizaje juntos y se vuelven a encontrar nuevamente.

También sucede con las amistades que uno ha tenido anteriormente, hay casos por ejemplo de amigos que se han querido y ayudado mucho en otras vidas y en ésta se encuentran revirtiendo la situación, porque se devuelve la ayuda recibida.

Pero como uno viene a cumplir misiones, aprendizajes o evoluciones, unas más importantes, otras quizás no tanto, y como se puede nacer con distintos sexos, de acuerdo a lo que se viene ha hacer o aprender, se puede dar una relación de amistad que haya cariño muy profundo y una necesidad de proteger a la otra persona, más allá de una simple amistad.

He podido comprobar que en muchos casos en los que dos personas eran pareja en una vida anterior y en ésta reencarnan bajo el mismo sexo, existe entre ellos una profunda comprensión y apego, sin necesidad de que se despierte un sentimiento homosexual.

Quizás pueda haberla inconscientemente pero como los recuerdos no se hacen consciente ese sentimiento no pasa de una profunda y sincera amistad. Y o he descubierto algunos casos por casualidad.

LA AMISTAD

Hay algo muy común en todos los seres humanos y es su preferencia por la amistad, la creencia en la amistad existe y creo que sin ella ya no queda nada.

Sólo ésta hace la vida soportable y este intercambio es buscado siempre, tal vez más mantenido a raya, quizás con menos frecuencia satisfecho, pero siempre deseado.

Porque el ser humano que está más en peligro, más a la deriva es el que ha sido traicionado y quizás el que no ha encontrado la amistad y esto marca tanto al niño como al adolescente.

Por eso la amistad es tan importante y algo que se debería fomentar mucho más.

En el libro Acásico está marcada toda le existencia del ser humano, pero como existe el libre albedrío uno la realiza como quiere, como mejor le parece, pero de alguna manera efectuará lo que ha venido a hacer a este planeta tierra.

LOS GRANDES AMORES

Se dan casos en los que el alma gemela pide reencarnarse para ayudar a su otra alma gemela y esto se da también entre homosexuales, quiero decir que en el caso en que el alma gemela de uno baje a la tierra con las características de la homosexualidad, por algo que tenía que hacer o aprender bajo ese rol, ésto es parte de su evolución; y ahí se dan muchas veces grandes amores entre hombres o mujeres.

Ese ser baja para cumplir una misión que es la de ayudar al otro, éstos no son casos muy frecuentes, pero también los hay. Aunque la mayoría no son tan románticos.

Existen muchas situaciones diferentes y algunas de mucho sufrimiento; existen casos por ejemplo, de personas que por equivocaciones en su vida, por seguir un rumbo incorrecto, caen tal vez en prisión.

Mucha gente sabe qué sucede en las prisiones, tanto en las de hombres como en las de mujeres, se dan muchos casos en los que hay abusos, en los que se vejan a ciertas personas a la fuerza; ustedes se preguntarán que tiene que ver eso con el karma, pero todo tiene causa y efecto, también ésas son deudas kármicas, aprendizajes, o grandes sufrimientos para una elevación posterior.

Son grandes pruebas y esas personas tienen que pasar por esas vicisitudes por algunos de estos motivos. En muchos de esos casos... sí se produce un gran problema psicológico, un gran trauma; también en algunos casos una inclinación homosexual.

Escuché decir a algunos pacientes que durante su estadía en la cárcel, por una cuestión de supervivencia, mantuvieron relaciones sexuales con otros hombres, ya que no les era permitido tenerlas con mujeres; (cosa que por otra parte yo considero inhumano y antinatural, ya que deberían permitirles a sus esposas mantener contacto por lo menos dos veces al mes).

Debido a esa forzada abstinencia, que en muchos casos puede durar años o toda la vida, ellos decían verse obligados a mantener relaciones homosexuales dentro de las cárceles, la gran mayoría de las veces forzando a otros, porque era más sano que masturbarse y en algunos casos se daba que se relacionaban con verdadero afecto.

Hay casos de parejas que duraron mucho tiempo y se han amado, hay casos muy tristes de jóvenes forzados y algunos gravemente lesionados, otros que no lo soportaron y se suicidaron o los internaron; algunos pocos pudieron escapar, otros pudieron superarlo y tratar de olvidarlo, otros se acostumbraron y aceptaron ese regla sólo dentro de la cárcel y algunos al quedar libres, a escondidas mantenían muchas veces relaciones homosexuales sin dejar de salir con mujeres y negando esa inclinación.

Debo aclarar que ésto sucede igual modo en la cárcel de mujeres y es exactamente igual el proceder también.

En estos casos todos culparán al trauma o al destino, pero en realidad todo es producto del karma, de la ley de causa y efecto.

Puede ser que interactúen las distintas encarnaciones anteriores, pueden ser deudas kármicas de hechos o deseos y palabras emitidas en anteriores vidas, pueden ser aprendizajes difíciles, pruebas, pero todo tiene relación.

Algunas veces sucede que muchas de estas personas, tenían un sentido equivocado de su hombría, muchos de ellos solían ser muy mujeriegos en libertad, como queriéndose probar a si mismos su hombría, y estando presos no resistían la abstinencia, se justificaban de esa manera.

Pero muchas veces sucedía que luego en libertad volvían a tener "sus escapadas" esporádicamente, con personas de su mismo sexo.

Su ego no aceptaba su homosexualidad, tratando de engañarse a si mismo.

Esto también puede ser producto de una vida anterior o de ésta misma o de vidas más antiguas.

NO JUZGAR NI CRITICAR

Todo esto es aprendizaje, por eso las personas con comprensión entienden que no se debe juzgar ni criticar. El juzgar, el escandalizarse, es parte del ego personal que uno debe trascender para evolucionar.

He conocido un homosexual asumido que se sentía completamente mujer y vivía como tal, sin embargo algunas características de su personalidad eran masculinas, tenía muchas amistades femeninas con las que compartía ratos, conversaciones, encuentros, incluso almuerzos, en los que él se comportaba como un caballero.

Jamás aceptaba que se compartieran los gastos, siempre invitaba él porque consideraba que era lo que correspondía, corría la silla para que se sentara la dama que lo acompañaba, servía el vino y tenía todas las atenciones de un verdadero caballero.

No coincidía esa parte de su personalidad con sus sentimientos ni con su sexo que no negaba, quizás fueran costumbres de su educación muy arraigadas en él.

También se hacía respetar en su lugar de trabajo, en el que no se permitía tener relaciones íntimas, ni tampoco que le faltaran el respeto, no negaba su homosexualidad pero guardaba distancia.

Simplemente su ego personal le hacía mantener de su apariencia, lo que para él era correcto.

Existen una infinidad de diferentes casos de homosexuales, éste es un caso poco frecuente porque es más común que procedan así, cuando quieren esconder su homosexualidad.

Es más frecuente que se esfuercen por disimular, sobre todo en los lugares de trabajo, o con la familia.

He conocido el amor callado y silencioso de un hombre hacia otro que no le correspondía pero que le brindaba su amistad y sabiendo que su amor era imposible, jamás dejó entrever lo que sentía para perder su amistad que le era tan preciada, trataba de disimular su interés por completo.

En cambio está el otro tipo de homosexual más asumido que se comporta como una mujer en todo momento y quiere que lo vean como mujer, porque así se siente.

Existe también el que busca su pareja, que tiene una relación consecuente y el que es más casquivano que tiene muchas relaciones, o varias al mismo tiempo, y el que ejerce la prostitución; o es mantenido o mantiene a otros, porque vive en realidad como las mujeres, ya que de la misma manera existen mujeres casquivanas, mantenidas, prostitutas, o que buscan su pareja para formar un hogar.

La gran mayoría de los homosexuales tienen muchas amigas mujeres, algunos son muy sinceros y se llevan bien, otros son envidiosos igual que las auténticas mujeres.

Los homosexuales que tienen que llevar una doble vida, salvando las apariencias, por su familia o por el peligro de perder un empleo, o por temor a la sociedad, son los que sufren mucho más y se le producen conflictos que muchas veces terminan en enfermedades psíquicas.

Cuando no pueden expresar sus sentimientos, debiendo adoptar modos y maneras que no son las que sienten, es en esos casos, sobre todo cuando están en la edad adolescente, que comienzan a sentir culpa y no tienen bien claro todavía sus verdaderos sentimientos. Viven todas esas sensaciones como algo pecaminoso, culposo o sucio que les impide ser.

En la sociedad actual son los menos, pero años atrás era frecuente el ocultamiento debido a que se los marginaba mucho más que ahora.

Aunque todavía se los sigue marginando, sobre todo en el caso de las mujeres; obligándolos a forzarse una personalidad que no sienten creándoles mucha confusión.

CUANDO NO SE ASUME...

También he conocido casos en los que llegan a casarse y tener hijos escondiendo su bisexualidad, a la vez que mantienen una doble vid homosexual y aunque parezca mentira no son pocos los casos.

Hay otros que se mantienen solteros, no admiten su condición y mantienen ocultas relaciones homosexuales para evitarse problemas.

Otros hombres y mujeres después de varios años de casados, deciden asumir se verdadera personalidad y llegan a separarse para unirse a otro hombre, con gran asombro de sus esposas que nunca imaginaron esa inclinación.

Hay quienes permanecen casados para evitar dar explicaciones a sus hijos o a la sociedad, porque no tienen el valor suficiente de enfrentarla.

En otros se les crea en la adolescencia un fuerte sentimiento de culpabilidad por sentirse diferentes, porque además sus padres al notarlo, los hacen atender con psiquiatras o con médicos, como si fuera una enfermedad que pudieran atacar con tratamientos hormonales.

En algunos casos hasta se los castiga como si de esa manera esta "inclinación" se pudiera corregir, como si fuera un defecto o una mala costumbre.

En estas situaciones en las que se sienten tan presionados terminan realmente con verdaderos problemas, producto, no de su condición, sino de la estupidez ajena.

Así sufren mucho más tratando de ocultar lo que realmente sienten o terminan alejándose de sus hogares.

Tratan de esconder su personalidad, piensan que es vergonzoso, pecaminoso, y eso si les crea verdaderos traumas, hasta que en muchos casos, con la madurez asumen su verdadera personalidad, la aceptan, pero lógicamente esto les hace sufrir mucho durante toda su vida porque la sociedad, a pesar de que ya hay más gente que comprende estas situaciones y no se escandaliza tanto, margina todo lo diferente, y el tercer sexo les resulta todavía incomprensible. Aunque no es lo único que marginan o rechazan.

No aceptan a lo enfermos mentales, de los que huyen o se ríen, no aceptan a los que tienen defectos físicos, también rechazan a los obesos, a todo aquello que es diferente, o que consideran que anormal o desconocen.

También tenemos el caso de los chicos con sindrome de Dawn, que son chicos especiales.

La gente a veces comete el error de ponerlos bajo tratamientos inadecuados cuando en realidad el único tratamiento que se debe hacer, que es bueno para ellos y da buenos resultados dentro de su enfermedad, (que se debe respetar y no pretender curar), es la músico-terapia, o las manualidades, que ellos les gusta hacer, sin causarles el menor esfuerzo mental.

También son convenientes los tratamientos homeopáticos para fortalecer sus huesos y su capacidad física; para sobrellevar la vida lo mejor posible sin perturbar el descanso mental que deben tener en esta encarnación, por el cual han nacido con esa enfermedad.

Los padres con la mejor de las intenciones se someten a gastos interminables, probando todos los tratamientos y creen que milagrosamente pueden curarlos con la costosa Terapia Niehans, en la que se le inyecta células de animales e injertos de glándulas animales; que pueden llegar a producir un rejuvenecimiento momentáneo, pero nada puede hacer por su enfermedad.

Esta enfermedad, producto de una vida anterior con sobrecarga del sistema nervioso y cuerpo mental, exige en la siguiente vida un verdadero descanso, un descanso forzoso y nacen bajo el rayo de Amor, Sabiduría, por eso son afectivos y amorosos, su alma elige ese camino para expresarse y aliviar su Karma, han sufrido terribles experiencias en una serie de vidas llenas de tensión y esfuerzo mental. Se les debe proporcionar una vida placentera, llena de amor, respetando su descanso.

TRILOGÍA HOMOSEXUAL

También existen casos en los que se forma una trilogía homosexual, en la que existe una relación entre personas del mismo sexo, una parte pasiva, una activa y otra que es el nexo entre ambas, que es activa y pasiva, según el caso.

Conocí una en particular que al cabo de algunos años de mantener relaciones con dos hombres, siendo pareja de ambos, actuando en diferentes roles con uno y con el otro, logró que aceptarán la trilogía conscientemente, después de algunos años, esta relación que duró cincuenta años, sólo la muerte la disolvió.

Por cierto uno de ellos murió de un síncope al enterarse de la gravedad de la enfermedad de su pareja. El otro murió después a causa de su enfermedad y el que quedaba dijo que ya no tenía razón ni deseo de seguir viviendo y a los tres meses falleció. Lo cuidó amorosamente durante todo el tiempo de su enfermedad, concurrió casi todos los días al sementerio hasta que el murió.

Se amaron mucho, se llevaron siempre muy bien, eran muy unidos, estaban pendientes de los deseos o necesidades de cada uno, no eran egoístas con sus pertenencias o sus posesiones, al contrario, se preocupaban por agasajarse; creo que fueron realmente felices.

Fue un gran amor entre hombres, se respetaban mucho, diría yo.

No se puede hablar en forma despectiva ni burlona, si se tiene la oportunidad de conocer un amor así, un compañerismo y un entendimiento tan grande entre personas, aunque sean del mismo sexo, como el que acabo de mencionar.

SERES SUTILES

Existen otros seres más sutiles, algunos con más inteligencia, también otras formas de vida, por lo tanto distintas a la nuestra, algunos son buenos y otros no.

También nosotros en anteriores reencarnaciones hemos habitado algunos de esos Planetas.

Muchos pasamos por varios, otros por menos, porque en realidad nuestro origen es extraterrestre y parte de nuestra evolución se realiza en otros planos. En los demás planetas no existe la materia, lo denso, por lo tanto tampoco el sexo como aquí, en donde se adquiere un cuerpo físico y en el que también existe el amor posesivo, egoísta; la enfermedad, la necesidades fisiológicas, el dolor y la muerte.

En otros planos el entendimiento es de alma a alma, se comunican telepáticamente, se puede ver muy claro el aura y reconocer así al que ha de acompañarnos por toda la eternidad.

El espíritu jamás muere, evoluciona y se encarna en su alma y ésta en un cuerpo para cumplir una misión o tarea, se encarna como mujer o hombre y parte de esas cualidades hace que estas cosas sucedan.

Quizá sea esta una manera de que no olvidemos nuestra dualidad, nuestro origen andrógino, de que existen otras formas de vida, que no todo es blanco y negro.

De esa manera puede suceder que al reencarnase nuestra alma gemela su otra mitad quiera reencarnase también para ayudarla y que se encarne en la tierra para seguir al lado de ella o por otros motivos y tomemos un vehículo equivocado.

Por que así como aquí cuando bajamos nos olvidamos para que vinimos, allá la vida aquí en éste plano nos parece más fácil y divertida y además cortita.

Entonces pensamos bueno bajamos aunque sea de hombre, o de mujer para ayudar a nuestra alma gemela en la tarea que viene a realizar, pero luego cuando pisamos la tierra se pierde la memoria casi totalmente, así sucede que como no se pierde del todo y nos queda ese sentimiento, no se acepta del todo ese vehículo físico (cuerpo).

Es un sentimiento inconsciente, pero fuerte y es cuando dichas personas rechazan o no viven de acuerdo al sexo que físicamente poseen.

De esta manera se produce en el ser humano, ya en el momento de nacer, la homosexualidad.

Después podrán influir otros factores del entorno psicológico, que adelantan o atrasan el proceso, pero no nos olvidemos también que así como la energía negativa atrae la misma energía y la positiva igualmente, los conflictos también atraen los conflictos.

También ocurre en el ser humano, en alguna etapa de su vida, tenga experiencias cortas de homosexualidad y luego retorne a su anterior sexo, definitivamente, estos serían otros casos también muy relacionados con el karma.

Y es cuando interactúan distintos karmas de distintas vidas pasadas. Deudas que han quedado pendientes y que muchas veces elegimos saldar en una vida para seguir más rápidamente la evolución.

He visto muchos casos de pacientes que habiendo tenido éstas experiencias, después de un tiempo volvieron a ser etero sexuales, sin volver a sentir la necesidad de una relación homosexual y que no comprendían claramente que les había sucedido.

La explicación es que se efectuó una interactuación

de distintas reencarnaciones en ésta vida, seguramente el ser cuando encarna y esta en un grado
bastante alto de evolución y lleva pendientes varias
deudas y cuando se está en los últimos peldaños o a
punto de subir a ellos, hay que saldarlas, son como
las materias del estudiante que las va arrastrando año
tras año pero en algún momento las debe rendir
todas juntas.

En numerología comúnmente llamamos karma
pesado cuando traen en la fecha de nacimiento algún
número Kármico que tiene muchas materias para
saldar, porque es justamente el indicador de que sí o
sí las va a saldar, porque según el grado de evolución
ya no pueden seguir teniéndolas pendientes vida tras
vida, seguramente les espera una misión más importante o aprendizaje para hacer y necesitan estar con
las materias al día.

LOS CAMBIOS

Los cambios que se producen en el ser humano, nos causan muchas veces asombro o desconcierto y hasta incredulidad, me referí a uno de ellos en la nota anterior, hemos visto que en algunos casos cambian totalmente su personalidad, su manera de pensar, costumbres hábitos, trabajos, o estudios, hasta de religión, algunos cambios son más profundos que otros, pero los hay muy notables y esto puede suceder una o dos veces y hasta tres en un misma vida.

También existen quienes no cambian, siguen su reencarnación anterior evolucionando, porque no tienen mayores deudas pendientes y continúan lo aprendido en la vida anterior perfeccionándose.

En cierto nivel la vida se mueve como una onda sénica de energía que va desde el nacimiento hasta la muerte.

En la parte superior de la espiral, la onda muestra el continuo viaje del alma hacia su perfección, es el viaje por el tiempo y el espacio, (si hicieron regresiones, entenderán ésto fácilmente) en formas físicas sobre el plano de la tierra y en los valles que permanecen u otros sistemas, en el período en que no reencarna aquí.

En una vuelta más alta de la espiral, una persona puede emplear varias reencarnaciones seguidas, con cortos períodos de ausencia de la tierra, con sólo una onda sénica.

Esta carrera surge cuando se ha pasado mucho tiempo en otros planetas también aprendiendo y evolucionando y por lo tanto se tardó muchos años en regresar a este Planeta, entonces es impulsado bajo la fuerza impulsora de la Voluntad del Logos, para continuar en cada reencarnación el trabajo de la anterior.

Es un trabajo a nivel planetario que tiene un contenido evolutivo, en el que se desarrollan fundamentalmente los poderes de curación y enseñanza.

La voluntad —de ser— de la nómada es la fuerza impulsora de la mayoría de las reencarnaciones.

Pero también existen algunos casos como los de suicidios, o abusos, libertinaje extremo en el que el deseo de mantenerse en el plano físico es tan fuerte que el individuo puede volver a la reencarnación casi inmediatamente.

En estos casos la misma serie de circunstancias se presentará hasta que la personalidad aprenda la lección y pueda liberarse del karma que ella misma se ha creado. El karma pertenece a la última instancia del despliegue del loto egoico.

Es la tríada inferior del hombre que es además la que se ve afectada y que se hace difícil de entender en una corta vida.

El alma que comprenda la parte superior que es perpetua y duradera, que no tiene forma, que está compuesta por las tres energías mayores a las que llamamos Atma, Budki y Manas es representada como un Loto, desplegándose cada pétalo de acuerdo con las leyes del Karma.

Cada encarnación es elegida por el alma de acuerdo con el pétalo que ha de abrirse en esa vida, que puede ser el de sacrificio y dedicación a la humanidad, el del conocimiento, el del amor y todo ello se decide bajo las leyes del Karma.

JUSTICIA Y AMOR UNIVERSAL

El Karma y la reencarnación representan la justicia y el amor universal.

Aunque es muy estrecho el camino y nos cuesta transitarlo, nos ganamos el derecho del libre albedrío si nos consideramos como almas, si actuamos dejándonos llevar por nuestro ego, sólo somos individuos y por lo tanto el camino será muy duro, pero si vemos la vida desde el plano del alma, controlamos el karma.

Las experiencias penosas que nos hacen debatir el dolor además de manifestar una desarmonía interna, lleva en si mismo sus frutos, pues nos permite adquirir cierta sabiduría.

Cuando uno se sobrepone rápidamente, adquiere sabiduría, seguridad y aprende el justo valor de las cosas.

Particularmente agradezco todos los sufrimientos y vicisitudes pasadas, porque me han permitido aprender, encontrar la paz y sentirme muy bien, a pesar de cualquier contratiempo que aparezca, porque siempre los hay, mi lucha es constante, pero mi paz y buen humor no me abandonan.

CAMBIOS DE PERSONALIDAD

Es público y notorio el cambio de algunas personalidades del ambiente artístico que sufrieron cambios muy importantes, como en el caso de Brigitte Bardot, y muchas otras figuras de la Argentina también, que sintieron un llamado hacia lo espiritual, o que luchan por la ecología, y en algunos casos el tener contacto con OVNIS. Estos también son cambios kármicos que se producen, quizás, después de cumplir con ciertas etapas de vidas anteriores que faltaban, o porque uno se distrae en el camino.

Pero la humanidad toda debe alcanzar patrones de conducta más elevados.

A lo largo de muchas encarnaciones, de muchos siglos y milenios vino siendo preparada y en algún momento alcanza esa madurez en la evolución, allí es donde se producen los cambios, comienza la inquietud que lleva a la conciencia a buscar algo que vaya más de acuerdo con sus necesidades internas y a pesar que deben luchar con fuertes apegos materiales, estas personas hacen aflorar su verdadera esencia y pueden llegar a cumplir su misión. Ahí es donde encuentran la verdadera paz y la felicidad los seres humanos.

Otras veces son necesarias las tribulaciones, los grandes sufrimientos o las enfermedades, para que los cambios se produzcan.

Han habido casos en que sólo después de estos pesares y enfermedades, apareció la verdadera esencia.

Vemos personas brillantes, inteligentes, incapaces de hacer una maldad consciente a otra, que son atacadas reiteradas veces por gente, que con verdadero ensañamiento desea su destrucción física o psíquica o ambas, y ellas mismas se preguntan en determinado momento, ¿por qué me sucede esto a mi, qué hice yo para recibir tanto daño...?

Muchas veces éstas cosas suceden por que son deudas kármicas o porque debemos pasar por estas tribulaciones para aprender a defendernos, adquirir otros conocimientos, sufrir, trabajar algo en nosotros que no lo veíamos con claridad y luego elevarnos espiritualmente.

En muchas ocasiones necesitamos un sacudón muy fuerte para reaccionar y sacar a la luz la verdadera esencia que fue tapada anteriormente por ambiciones, luchas por el poder, egoísmo, irresponsabilidad o por la entrega a placeres mundanos, debido a que el ser humano al llegar a esta densidad, y olvidar al nacer su tarea aquí, en la tierra, se entretiene o se desvía en estas cosas.

Pero como ya expliqué anteriormente, todo está escrito en el libro Acásico antes de nacer y de alguna manera antes o despúes esa tarea será cumplida.

Si la cumplimos bien quizá no pasemos por sufrimientos, daños o enfermedades, pero si no lo hacemos tardaremos más reencarnaciones y deberemos pasar por algunas o por todas esas vicisitudes, aunque algunas veces debemos soportarlas igual para aprender y luego aliviar a otros en esos mismos sufrimientos y finalmente esos mismos sufrimientos nos harán comprender cúal es la verdadera misión o aprendizaje.

Allí es donde se produce el cambio o la evolución, es cuando se pasa de grado.

En nuestro grupo de Angeles El Yazay, hacemos regresiones aveces es muy interesante, muchas veces hasta nos reímos al comprobar algunas de ellas, pero lo primordial es que nos sirve para comprender algunas facetas de esta vida actual, algunos de los aprendizajes por los que pasamos o las distantas etapas de nuestra vida. El ser humano suele repetir una y otra vez en distintas vidas el mismo trabajo hasta que por fin evoluciona.

LA ORTODOXIA DE LA EDAD MEDIA

Por mucho tiempo se creyó y se utilizó el significado de la palabra Karma como si fuera un castigo, si Dios lo usara como una especie de rebenque para castigarnos, mostrando así a un Dios injusto y cruel.

La verdad es que se utilizó la justa Ley del Karma de esa forma porque era muy conveniente a los intereses de la ortodoxia de la Edad Media.

El gobierno era oligárquico, y la iglesia ejercía un poder desmedido y no toleraba la desobediencia. La gente que necesitaba de sus favores, o que dependía de ellos, estaba influenciado y aceptó esas modificaciones de los conceptos religiosos.

El espíritu Supremo del Universo fue degradado y empequeñecido, hasta llegar a la figura de un Dios vengativo y para ganar sus favores las personas debían hacer penitencias, sacrificios, súplicas y por supuesto obedecer a los sacerdotes, pedir su intervención, porque se suponía que ellos eran los preferidos de Dios, y si ellos intervenían El los escucharía más rápido.

Todo lo que no les convenía o no estaba de acuerdo con las opiniones de la Iglesia era atribuido al Diablo; fue la época de la Inquisición, de los horrores que en nombre de la Religión se cometieron

ESPÍRITU Y MATERIA

El Alma es un espíritu semi material, una esencia que no es ni tangible ni espíritu puro.

Como todas las cosas del Universo, una forma de Voluntad y puede tener una o ninguna inteligencia. Es el eslabón de unión entre el Espíritu y la materia.

Existen seres pertenecientes enteramente al reino del alma, ya que no poseen cuerpos materiales.

Puede considerarse al Alma como cierto estado de actividad de la voluntad al igual que el cuerpo físico.

Considerando al Universo como una manifestación de la voluntad en movimiento, todas las formas y objetos que conocemos o que podemos imaginar, son determinadas vibraciones de la voluntad y de la naturaleza física construida de un orden inferior de vibraciones, al alma como una octava superior y al espíritu más superior todavía.

Por eso al morir el cuerpo físico, el alma o la octava superior deja de sonar, pero continúa en vibración mientras siga en contacto con lo más elevado pero si el espíritu se ha separado de ella cesa su actividad.

Así que, si el hombre muere, el alma sobrevive y sus esencias superiores son las que forman la sustancia del hombre paradisíaco del nuevo Olimpo; y las esencias inferiores del alma de la cual el espíritu se ha separado, se diluyen en los elementos astrales a que pertenecen, así como en la tierra se disuelve el cuerpo material.

Queda como un cascarón vacío, o un vestido viejo que se tira, se interrumpe el fluido de energías, se quiebra el nexo de luz, el cordón de plata que es como la continuación del cordón umbilical, que nos une con el cuerpo Astral, interrumpiéndose también la conexión con los cinco cuerpos restante: el Mental inferior, el Mental superior, el Alma y el Espíritu y el cuerpo Esencial. Cada uno viene actuando como el envase del otro; así el físico guarda al Astral, el Astral al Mental inferior, el Mental inferior al superior, éste al Alma, etc..

Después de morir el cuerpo físico, empieza a morir el Astral y luego el Mental Inferior, que juntos constituyen el Ego Inferior; quedando así el Mental Superior y los otros tres que le siguen.

A través del Ego Inferior cada vida es un aprendizaje para el Yo Superior (Real Ser) éste a su vez esta constituido por tres cuerpos, que son el Mental Superior, el Alma y el Espíritu.

Todos los aprendizajes de cada vida quedan gravados y acumulados en él y le acompañan permanentemente.

El ser humano difícilmente se halla consciente de lo que fue en anteriores existencias, simplemente porque no es conveniente vivir dos vidas al mismo tiempo.

Sí, puede recordar algo, tener pantallazos y lo puede ir recordando de acuerdo a su proceso evolutivo y madurez, cuando estos recuerdos no le afecten, sino que por el contrario puedan servirle de ayuda.

EL ASTRAL, ESPÍRITU Y ENTIDADES

Sin embargo el astral, que es la mente del hombre, no se disuelve inmediatamente de la separación del alma y el cuerpo.

Muchas veces necesita largo tiempo antes de que pueda hacerlo.

La mente continúa existiendo después; por ejemplo, si la persona ha sido buena, su espíritu lo seguirá siendo, si ha sido médico, abogado, ingeniero, mago, curador, alquimista, su espíritu lo seguirá siendo y nos puede enseñar muchas cosas.

Esos espíritus son los restos de las mentes que en un tiempo constituyeron al hombre terrenal. Existen dos muertes o separaciones, la separación del espíritu, del alma.

Si la persona muere de muerte natural, o sea vejez, habiendo cumplido con sus ciclos de vida, y muerto sus pasiones durante éstos, habiéndose debilitado su egoísmo, si ha podido sacar su niño interno y depositado su confianza en el Creador, su espíritu, su alma, al morir será libre de las cadenas materiales y será atraído al cuerpo de Cristo. "Recién cuando el alma muere está en la esencia de Dios".

Es cuando vive en un estado de pura sensación, dicha y gozo. Para aquellos que mueren prematuramente, sin pasar por la regeneración como los suicidas o los que mueren por accidente, es muy distinto; porque sus almas han sido separadas a la fuerza de sus cuerpos, aunque el espíritu por eso no deja necesariamente el alma, permanece junto a ella hasta que otra separación suceda.

Permanecen seres humanos como nosotros, sólo que no poseen cuerpo físico y continúan así hasta que según la ley de la naturaleza y su Karma, su muerte física debería haber llegado.

Ahí es donde realiza la separación de sus cuerpos inferiores y superiores.

Mientras tanto, viven en sus cuerpos astrales, que son invisibles para nosotros pero visibles para ellos; poseen sensación y facultades perceptivas y ejecutan, en sus pensamientos, lo que hacían durante su vida, y creen que realmente lo hacen.

Permanecen todavía en la esfera de la tierra. Sienten todavía sus pasiones terrenales y tratan de satisfacerlas, son además instintivamente atraídos hacia personas en quienes ellos hallan deseos y pasiones correspondientes y a los lugares donde pueden esperar satisfacerlas.

Muchas veces son los instigadores de amoralidades, crímenes, vejaciones, y se hacen presentes en sesiones a través de mediums.

Como han perdido sus facultades de raciocinio y sus cuerpos físicos y el poder de voluntad para ejercer dominio propio, frecuentemente pasean por los lugares donde pasaban su tiempo en vida; de este modo alivian su sed de deseos.

Van a donde sus pensamientos los llevan. Incluso en casos en que han cometido un crimen y estén arrepentidos, rondarán el lugar del hecho.

El odio o deseo de venganza los encadena a sus enemigos. La avaricia puede atraerlos y retenerlos en el lugar donde guardaban sus bienes.

Una fuerte pasión o amor, los puede convertir en una especie de vampiros, y encadenarlos al objeto de su deseo, si es que hay elementos en la víctima que les permita su acceso.

Porque el cuerpo astral de una mala persona no puede influir en una persona buena o pura; ni en la vida ni en la muerte, al menos que estén en comunión por alguna semejanza en sus pensamientos.

Muchas veces estas entidades se pueden hacer visibles o manifestarse de alguna manera. Hasta pueden aparecerse en forma corporal, o como sonidos, risas, silbidos, gemidos, suspiros, pasos, sombras, etc.

En algunos casos han podido mover objetos, sólo por llamar la atención o asustar, o entrar en comunicación con las personas.

Debo aclarar que no son sólo éstos, los visitantes supramundanos o submundanos, hay otras entidades invisibles que pueden rondar las casas de los terrestres y pueden hacerse visibles y tangibles, existen también los fantasmas, que son espíritus nocturnos que tienen raciocinio semejante al del hombre, que muchas veces pueden llegar a dominarlo.

Entre estos espíritus hay buenos y malos y también gustan de estar cerca del hombre (para alejarlos es bueno tener un coral rojo).

Aunque en una mente sana no pueden entrar jamás estas entidades, a una mente débil pueden llegar a enloquecerla.

Muchas veces pueden ocurrir que seres desorientados o débiles a los apetitos carnales, sean poseídos por estás entidades que hacen que se vuelvan más depravados y los obligan a cometer actos de vejación o corrupción con gente del mismo sexo.

Esto sólo ocurre en casos aislados en seres que nunca tuvieron esa inclinación y de pronto les sucede.

Existen casos en los que estos sentimientos de odio y las pasiones fuertes no correspondidas arrastran a ciertas personas a una especie de locura, de la que hacen víctima al ser que dicen amar valiéndose justamente de esas entidades malignas del bajo astral, invocándolas, rindiéndoles ofrendas y conduciéndolas hacia sus víctimas.

En estos casos es conveniente recordar que todos tenemos poderes, que también tenemos un ángel que siempre nos acompaña en nuestras reencarnaciones, que podemos y debemos conectarnos con él, pedir que se fusione con nosotros, que nos ayude.

Que además podemos protegernos cubriéndonos siempre con mucha luz blanca dorada, que principalmente no debemos temer; porque el miedo debilita el aura dando lugar a que penetren esas energías negativas. Por el contrario, deben sentirse fuertes y protegidos, seguros de que pueden arrojar cualquier entidad de sus cuerpos o casas.

No olviden los corales rojos. Deben de estar seguros de que la luz puede a la oscuridad, aunque a veces en un primer momento vean lo contrario.

Recuerden además que estas cosas pasan porque algo se debe aprender, o por deudas kármicas, o pruebas para evolucionar y que eso no nos da derecho a devolver la mala acción, muy por el contrario, no se deben tener pensamientos negativos, como rencor o venganza.

La Ley Divina se encargará a su tiempo, no lo duden. Se debe estar alerta y aprender a luchar sin miedo, con fe y amor.

Estos casos anteriormente eran aislados, pero en estos tiempos, hay demasiada carga negativa, se está librando una cruenta lucha entre el bien y el mal, entre los seres de la Luz y la oscuridad.

Por ese motivo es que toco este tema, mucha gente se disfraza y aparenta ser de la luz, hay otros que son más notorios, pero para diferenciar, tienen que saber que ningún grupo que esté realmente en la Luz, utiliza drogas de ningún tipo para tener "experiencias sublimes", muy por el contrario, no se bebe alcohol y son pocos los que todavía no han dejado de fumar, pero lo harán despacio, cuando sea su tiempo, tampoco comen carne ni matan animales por ningún motivo.

Deben de aprender a sentir desapego por lo material,

y lo más importante, respetar la Ley Divina, servir sin egoísmo y sin ego, ayudar al prójimo, dar Amor a todos los seres vivos, incluyendo animales, plantas, el planeta todo.

Los seres de la Luz no deben ser sectarios, ni prejuiciosos, deben trabajar para ser cada día mejores y ayudar a otros a que lo sean, sin culpar ni criticar.

LA VERDADERA GENTE DE LA LUZ...

Amar a su familia e hijos, si los tiene y respetarlos. No es de la luz aquel que discrimina a otro ser humano, por su sexo o inclinación sexual, color, credo o posición social, ni aquel que practica la promiscuidad o descuida a sus hijos.

Tampoco lo es el que lucra enseñando a despertar a otros ángeles. Se puede enseñar muchas ciencias alternativas o mancias, porque hay que subsistir, pero se debe tener mucho cuidado con lo que se enseña y a quien.

Debemos ser conscientes de que no todas las personas están capacitadas para recibir esas enseñanzas; porque tales sabidurías deben ser ejercidas con infinito amor y compasión; no sólo para lucrar con ellas.

Porque uno es responsable de los actos que puedan suceder a partir de esas enseñanzas. Los seres de Luz y todos aquellos que quieran estar en ella deben de aunar sus fuerzas para vencer esa negatividad y transformarla en positividad.

Estar alerta y ser consciente de que ésto pasa, no significa estar esperando que suceda, es estar preparado para rechazar y luchar.

Es bueno rodearse de personas armoniosas y agradables, escuchar buena música, cantar, reír, sacar el niño que todos tenemos dentro; y estar agradecido por cada nuevo día, por cada flor que nace, pensar en todo lo bueno que tenemos y no siempre en todo lo que quisiéramos tener o lo que consideramos que nos hace falta, tener fe y sentir que no estamos solos porque todos formamos parte del UNO.

Comprender que si nos pasan cosas desagradables, es muchas veces producto de nuestros mismos pensamientos negativos, que nosotros mismos generamos esa negatividad que vuelve como un bumerang, que debemos aprender a desechar, así como arrojamos lo que no sirve más.

Todo ser humano es una proyección de una totalidad única, de un fundamento común que es el fundamento de todo lo que existe. Aún cuando no se tenga una percepción clara de ese fundamento, está implicado en nuestra conciencia.

No se puede creer que cada ser humano es una realidad independiente que interactúan como un organismo vivo. Todos ellos son proyecciones de una totalidad UNICA.

El universo está organizado de tal modo que todas sus partes interactúan como un organismo vivo. Toda existencia está plegada dentro del espacio y del tiempo, el pensamiento plegado en el todo y relacionado con la TOTALIDAD de la cual ha sido extraído.

La totalidad también está plegada dentro de cada existencia.

Es un constante fluir, un todo no fragmentado, un sólo movimiento en el que se funden la mente y el cuerpo, la materia y la conciencia. Es como el latido del corazón.

Estas partes, son subtotalidades relativamente autónomas, que se integran a una Totalidad mayor que es la que está plegada en ellos.

Algunos afirman que todo lo que nos rodea habría surgido espontáneamente por el azar, libertad absoluta pero ciega; en el otro extremo están los científicos que no pueden negar del todo los rastros de un orden, de un Creador, por la sucesión de complejidades que finalmente constituyen un orden.

Sería inadmisible pensar que el nacimiento de las numerosas formas que nos rodean haya sido un golpe de azar.

Más lógico es pensar que el orden y el desorden son indiscutibles en la Creación.

La inestabilidad, según el génesis, es la fuente de una estructura nueva, tiende hacia un orden, es su condición previa.

El desorden no puede ser autónomo, pues sería sólo caos, es un proceso, una transición, en el que actúa la fuerza creadora de un orden, un proceso con sentido, la tendencia a una totalidad nueva y distinta.

Es la promesa de transformar el caos en Cosmos, y como se dirige al futuro es creación constante.

Lo cierto es que cualquier explicación que se quiera dar de todo lo que existe, no es posible darla sin hablar de "dualidad".

EL ANDRÓGINO

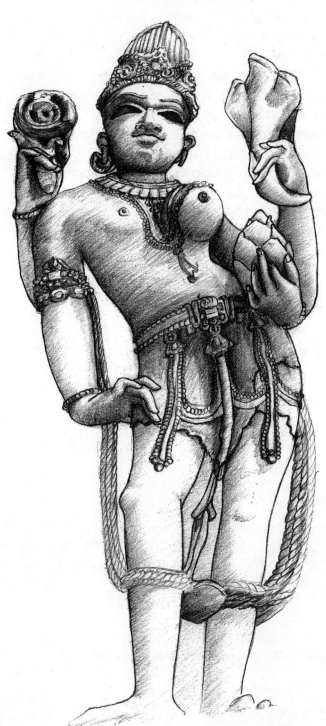

En el libro ANCIENT FAITHS, de Innmann, publicado en el año 1868 en la India está representado el andrógino Indio "Ardhanari", mitad Shiva parte derecha, mitad Shakti parte izquierda; como el dibujo de la siguiente página.

Su significado es la unidad de los orígenes cósmicos.

Una cobra enrolla su cuello en forma de collar, levantando su cabeza por encima de la del dios, que lleva un peinado típico masculino así como un pendiente.

Otra serpiente, símbolo sexual en todas las tradiciones, que manifiestamente no es cobra, se enrolla alrededor del brazo de Shiva.

La mitad izquierda por la forma de la cadera y el pecho es Shakti, lleva un pendiente femenino usado por las mujeres de la India.

Su medio collar y cinturón son adornos femeninos como los brazaletes del tobillo.

Lleva un loto en la mano, símbolo de la fertilidad, también de las plantas y del agua.

Como representación de la unión sexual en el lugar de los sexos, el bank Egipcio cuyo bucle representa evidentemente el Yoni, que está inscripto sobre la mitad del Shakti, mientras que la cruz representa el órgano masculino.

Por su posición estratégica y central resume la unión sexual Shiva y Shakti (mujer y hombre).

No se puede determinar fehacientemente si el Bank pertenece a los egipcios o a los indios, ya que desde tiempos muy remotos existía intercambio comercial terrestre entre estos dos países, lo realmente importante es la pureza de su simbolismo.

El Adán primordial que es a la vez macho y hembra y que cada ser incluye los caracteres de ambos sexos en su humanidad.

Aunque masculino en apariencia Shiva es un dios andrógino, por eso lleva el pendiente de mujer en su lado izquierdo que es el masculino, y uno de hombre en la derecha que es su parte femenina. "Andhanari" simboliza la unión Cósmica original de Shiva y Shakti donde se quiere reencontrar la unidad de los orígenes.

Jung dijo: "Cada sexo está habitado hasta cierto punto por el otro sexo opuesto, ya que en términos biológicos la masculinidad se define porque hay más genes masculinos que femeninos.

Nuestros cuerpos y nuestra psique no son enteramente masculinos ni femeninos.

El inconsciente está personificado en dos grandes figuras, una es la Sombra, que es la parte de nosotros que rechazamos y que generalmente representamos con una figura de nuestro propio sexo, la otra figura del sexo opuesto que para una mujer es al ánimus y para el hombre el ánima.

Estos aspectos contrasexuales, son los que dan la creatividad diferente.

A una mujer su ánimus le otorga la fuerza del Fuego en su creatividad, la inspiración y la realización, la puesta en marcha de las grandes hazañas. La creatividad de los hombres es el ánima, su parte femenina y su elemento agua, y es la creatividad del artista, el músico, el pintor, el poeta, el mago, que puede visualizar colores y formas que son la base de la magia.

Y todo está desvinculado de la parte sexual, es sólo el acceso a la parte creativa de su propia Divinidad."

"HABLEMOS DE LAS ENFERMEDADES INCURABLES"...

Con respecto al gran flagelo de los últimos tiempos, EL SIDA; sería deshonesta conmigo misma y con ustedes lectores, si no les dijera que es necesario que adopten ciertas medidas de conducta, además de los consejos que muchos médicos han dado por televisión, y ciertas recomendaciones que se repiten en avisos en tal sentido.

Es muy necesario que piensen seriamente en que tener relaciones con más de una persona es muy peligroso, además de que no está bien que eso suceda.

Deben pensar que tener una pareja estable, es además de correcta, la forma de vivir realmente feliz y madurar.

Si uno aspira a ser valorado, respetado, tener un equilibrio emocional, debe ser sincero consigo mismo y con los demás.

La alimentación debe ser bien equilibrada, el uso de estimulantes y drogas además de producir muchos otros serios daños, es otro de los peligros para esa enfermedad.

Tomar aire puro, caminar, tomar mucha cantidad de vitaminas C y E, mezclarlas con el antioxidante Paraaminobenzioco, cada tanto también vitamina B12 Comer cereales y frutas, tratar de no comer carne. Visualizarse sano, joven y contento, ayuda muchísimo.

Si ya están enfermos, hagan todo lo necesario para hacer todas las cosas que menciono en mi libro anterior "Tríadas y Dinastías de lo Ángeles", para ser inmortales. Como primera medida deben creer firmemente en que lo van a lograr.

Es necesario tener fe y seguridad, visualizarse al revés de las agujas del reloj, que la espiral de la vida retroceda hasta antes de estar enfermos, detener allí la espiral, visualizarse como de esa edad, pensar y repetirse que están sanos, para que el cerebro registre esa información que transmitirá a su organismo.

Dejar de comer carne roja primero, después pollo y pescado, no fumar ni beber alcohol, no trasnochar demasiado, tomar muchas vitaminas y algún antibiótico por un tiempo, luego sólo las vitaminas.

Desechar las emociones negativas, como el rencor, la rabia, la ira, la angustia, el miedo, la ansiedad. Es necesario estar bien relajados, visualizarse siempre feliz, contento.

No digan ni piensen más en que están enfermos. Desechen la enfermedad.

Visualicen la espiral dos o tres veces al día, retrocédanla calculando cada vuelta como diez años, paren donde calculen que es un tiempo antes de gestarse la enfermedad.

Duerman con la habitación ventilada, humecten su piel con paños húmedos en todo el cuerpo. Tomen dos vasos de jugo de uva por día, cereales, frutas y verduras.

Ordenen a su cerebro que sus células se restituyan y regeneren, que su organismo se mantenga sano, que recupere sus defensas. Verán que todos notarán el cambio y tendrán buenos resultados.

Amarse mucho porque si uno no se ama, los demás tampoco lo harán y verás que fácil es amar a los otros.

Reconocer los errores, hacernos cargo de nuestros defectos, cambiarlos, es fácil y uno se siente muy bien al hacerlo.

Propónganse combatir la enfermedad, pueden ganar la batalla.

Esta es otra meditación que ayuda y deben hacerla:

Busquen un lugar tranquilo en su casa, donde nadie los moleste, para realizar estas visualizaciones y meditaciones, pueden hacerlo en el suelo con un almohadón, o en una silla, como les resulte más cómodo y se puedan relajar mejor.

Respiren el aire con la boca bien abierta, luego exhalen las preocupaciones, las angustias, los temores, el stress o cualquier emoción negativa.

Repetir tres veces.

Cerrar los ojos, poner una música de meditación de fondo y visualizar una columna de luz blanco dorada en el medio de la habitación.

Aspiren de esa luz, sintiendo que penetra en sus cuerpos, limpiando y purificando, exhalen hacia la columna varias veces.

Luego imaginen el Sol, de gran tamaño, con todo su esplendor y su calor, sientan como sus rayos traspasan su cuerpo, llegan hasta sus células, son pequeños soles que se expanden por todo su cuerpo, sientan por varios minutos que sus células se iluminan y giran como pequeños soles.

Después imaginen sus venas y arterias, centro nervioso en un color violeta, luego visualicen una gran estrella dorada arriba de sus cabezas, y que esta estrella emana una lluvia de estrellitas doradas que van cubriendo todo el cuerpo por dentro y por fuera, de la cabeza a lo pies.

Visualicen todos sus órganos bien dorados, revisen que no queden partes oscuras, si las hay vuelvan a buscar más lluvia de estrellitas doradas de esa gran estrella y deposítenla allí donde haga falta.

Esta meditación cura y energiza, háganla 2 o 3 veces por día, durante tres semanas, descansen una y vuelvan ha hacerlo; luego hagan un chequeo para ver como están y si es necesario repítanla otras dos semanas más.

OTROS CONSEJOS PARA MANTENERSE SANOS DE CUERPO Y MENTE

Los Chakras son ruedas o vórtices de energía, que nos armonizan. Si nuestros Chakras están cerrados o desarmonizados, nosotros estamos mal.

Son siete situados de la siguiente forma:

El coronario está en el centro, arriba de nuestras cabezas, se activa hacia la izquierda en el hombre, con el color rojo, y hacia la derecha en la mujer.

Le sigue el Chakra del tercer ojo, ubicado en el entrecejo, se activa con el color violeta.

El Chakra laríngeo, está en la garganta y se activa con el color azul claro.

El chakra cardíaco en el centro del pecho, se activa con el color naranja.

Sigue el plexo esplénico que está situado más abajo del cardíaco, un poco hacia la izquierda cerca del estómago, se activa con el color verde claro.

A un centímetro del ombligo esta el plexo solar, que se activa con el color amarillo.

El último es al chakra básico a la altura del sacro, se activa con el color azul..

CUERPO ETÉRICO, AURA

También tenemos el cuerpo etérico, que es luminoso, alrededor de físico.

Después esta el aura, que tiene forma de un gran huevo, es mucho más ancho y de varios colores según nuestra personalidad, salud y estado de ánimo.

Es de mucha importancia tener bien armonizados todos los Chakras, y lo más limpia y entera nuestro aura.

Porque cuando no es así, nos produce trastornos y enfermedad.

La tristeza, la ira, la envidia, las emociones negativas en general, nos producen enfermedades y se reflejan primero en el aura, antes que en el cuerpo físico.

Por eso es necesario mantener el aura limpia y los chakras armonizados y activados.

Para activar los chakras se pueden utilizar piedras adecuadas para cada caso, se mide su energía con un cuarzo y se activan también visualizando el color específico para cada chakra.

El péndulo de cuarzo que se utiliza para activar si el chakra esta abierto gira hacia el lado correspondiente, sino no gira.

Se debe medir antes y después de armonizar o activar.

¿QUÉ ES REIKI?

Es la curación por medio de la energía Universal. Es el trabajo minucioso para modificar la estructura cuerpo-espíritu.

La energía se transmite por medio de la implantación de manos y en esta técnica no es necesario la concentración del paciente para que pase la energía.

Las rodillas deben estar algo flexionada para permitir la salida de la energía negativa.

La relajación del paciente puede provocar el resurgimiento de emociones olvidadas que el paciente puede necesitar sacar a la luz explayándose sobre el tema.

Puede surgir una conversación, pero no debería ser larga, ya que no es conveniente profundizar en esa fase, porque se puede interferir con el proceso de liberación.

Desde el punto de vista terapéutico puede plantear una situación de dependencia.

El Reiki suprime la reiteración de recuerdos negativos, por el contrario ayuda a cambiarlos por positivos.

Muchas veces analizar los viejos conflictos no hace más que fijar el problema.

Con este tratamiento se elimina el proceso de verbalización, para liberar las emociones, éstas se liberan mediante la corriente de energía.

SENTIMIENTOS, COMPRENSIÓN

Si cada ser humano dejara aflorar sus más puros sentimientos, si cada uno actuara con más comprensión, con más amor hacia el otro, sin juzgarlo, sin rechazarlo, ni menoscabarlo, seríamos todos más felices y más justos; sería posible que cada ser humano viva su derecho al libre albedrío en paz.

El escritor Emmet Fox, en uno de sus libros dice así:

"No hay dificultad que suficiente amor no venza.

No hay enfermedad que suficiente amor no cure.

No hay puerta que suficiente amor no abra.

No hay muro que suficiente amor no derribe.

No hay pecado que suficiente amor no redima.

No importa lo suficientemente asentado que esté el problema, ni lo desesperanzador que parezca.

No importa lo enredada que esté la maraña, no importa lo enorme que sea el error.

La comprensión del amor lo disolverá todo.

Y si tu pudieras amar lo suficiente serías la persona más feliz y poderosa del mundo.

Es verdad, el amor todo lo puede y la felicidad está dentro de uno mismo; sólo hay que emprender el viaje navegando en nuestras profundas aguas, en nuestro interior descubriremos un universo propio."

La gran mayoría de las personas han estado buscando que alguien las haga feliz, que alguien las salve, o las ayude a salir de las dificultades, que las protejan, que las amen, sin darse cuenta que se puede ser feliz, dando amor, buscando la paz interior, disfrutando de cada instante y de cada cosa que podemos ver, tocar, oler o sentir.

Esa paz no nos permitiría estar solos, porque dando todos amor, siempre estaríamos juntos, porque todos esos sentimientos están dentro nuestro, y en la medida en que nos animemos a exhalar amor y transmitirlo, estaríamos logrando la tarea que vinimos a realizar en esta Era de Acuario, era de cambios profundos para nosotros y el Planeta.

Estamos aquí no por casualidad sino porque quisimos estar, al menos la gran mayoría; eso se debe a que teníamos que prestar ayuda, en esta gran transformación, y es sintiendo amor por nosotros mismos y por el prójimo como podemos ayudar.

Es de gran importancia aceptarse y amarse a si mismo, porque de esa manera nos sentiremos más seguros, felices, no nos haremos daño, consegui- remos la paz interior, esa misma paz que podemos transmitir a los demás y al Planeta, de esa manera no habría más pesares, conflictos, guerras, no existirían niños desnutridos, ni abandonados, ni ignorantes, no existiría el racismo, ni la delincuencia, ni las enfermedades.

Este cambio es fácil, es sencillo, sólo hay que decidirse y empezar ahora, muchos somos los que hemos comenzado ya, pero si tú te agregas será más fácil, seremos más, más para cambiar más rápido la vibración general.

Empieza ya, mándale luz rosa al amigo que te traicionó, perdónalo, disculpa al que te ofendió y pide que Dios lo ayude a cambiar.

Perdónate a ti mismo, por tus errores, tus malos

pensamientos, tus arrebatos o envidia, tu afán de dominio, tu orgullo, tus caprichos o egoísmo. Procura cambiar.

EL EGO Y EL AMOR

Mucho se habla del ego, del egoísmo, del amor a si mismo. Pero a veces no se comprende bien o se tiene una idea equivocada.

El amor es indivisible en concepto a la conexión entre los objetos y el propio ser.

El amor verdadero es una expresión de la productividad y entraña cuidado, respeto, responsabilidad y conocimiento.

No es sólo un afecto, sino un esforzarse activo asentado en la propia capacidad de amar y que tiende al crecimiento y la felicidad de quién uno ama.

Amar a alguien es el cúmulo y la realización del poder de amar.

La esencia contenida en el amor que se dirige hacia la persona amada es la floración de las cualidades esencialmente humanas.

Amar a una persona implica amar al ser humano. Si una persona ama a la propia familia pero es indiferente con los demás, significa que tiene una incapacidad básica de amar.

El amor al hombre no es como muchos creen una abstracción que sigue al amor a una persona específica, sino que constituye su premisa, aunque genéticamente se adquiera el amar a individuos específicos.

De ello se deduce que uno debe quererse a si mismo del mismo modo que se debe amar a otra persona.

La afirmación de la vida, felicidad, crecimiento y libertad propios, está arraigado en la propia capacidad de amar, significa cuidado, respeto, responsabilidad y el conocimiento.

Si un individuo es capaz de amar productivamente, también se ama a si mismo, si sólo ama a los demás, no puede amar en absoluto..

Dado que el amor a si mismo y a los demás van juntos, como explicamos el egoísmo, que excluye toda verdadera preocupación por los demás.

La persona egoísta, sólo se interesa por si misma, desea todo para si misma, no siente placer en dar, sino únicamente en tomar.

Considera el mundo exterior sólo desde el punto de vista de lo que puede obtener de él; carece de interés en las necesidades ajenas y de respeto por la dignidad e integridad de los demás.

No ve más que a si misma; juzga a todos según su utilidad; es básicamente incapaz de amar.

Sin embargo el egoísmo y el autoamor son realmente opuestos.

El egoísmo y el amor a si mismo distan mucho de ser iguales.

El individuo egoísta no se ama demasiado sino muy poco; en realidad se odia.

La falta de cariño y cuidado por si mismo, es la expresión de su falta de productividad y lo deja vacío y frustrado, ansioso y lo vuelve hipocondríaco.

Se siente angustiado, infeliz y ansiosamente preocupado por arrancar a la vida las satisfacciones que él se impide obtener.

Aunque parece preocuparse demasiado por si mismo en realidad, sólo realiza un fracasado intento de disimular y compensar su incapacidad de cuidar de su verdadero ser. Freud sostiene que el egoísta es Narcisista, como si negara su amor a los demás y lo dirigiera a su propio ser.

Sin embargo es verdad que las personas egoístas

son incapaces de amar a los demás, pero tampoco pueden amarse a si mismas.

Misther Eckhart (versión inglesa de R. B. Blaknev) dice:

"Si te amas a ti mismo, amas a todos los demás como a ti mismo. Mientras ames a otra persona menos que a ti mismo no lograrás realmente amarte, pero si amas a todos por igual incluyéndote a ti, los amarás como una sola persona y esa persona es a la vez Dios y el hombre. Así, pues es una persona grande y virtuosa la que, amándose a si misma, ama igualmente a todos los demás."

LA IRA

Algunas emociones negativas, como la ira por ejemplo, se hacen negativas en la medida que nosotros no aprendemos a desterrarlas, y es una de las piedras que nos ponen en el camino para que aprendamos la humildad.

La ira es una respuesta al orgullo, la indiferencia y el odio, cerrando así las puertas al amor.

Como consecuencia aparecen los sentimientos de venganza que a veces se realizan.

Esto a su vez mantiene latente la ira, que no es más que una reacción exagerada de una situación, tanto sea dirigida hacia uno o hacia otra persona.

La persona se coloca en juez y jurado, y de esa manera se daña a si mismo y puede dañar a otros.

No sería negativa si uno se hace consciente de sus propios sentimientos; si los analiza sin dejarlos desbordar, se debe primero admitir que lo está sintiendo y analizarlos como un espectador, perdonarse a si mismo y perdonar al que supuestamente la provocó.

Perdónese el hecho de haberse enojado, o de haber reaccionado con ego, o de no admitir sus limitaciones o la de los otros.

Para hacer desaparecer la ira, que significa opresión, se puede hacer primero el reconocimiento del que hablé anteriormente, luego cerrando los ojos respire con la boca abierta y exhale con fuerza esos sentimientos, visualice el lazo que lo esta oprimiendo, y desátelo, seguramente tiene varios nudos, cada nudo que desata la hará ver que, lo molestó tanto, siga hasta que realmente no quede nada, cuando sienta que está aliviado, vuelva a respirar profundamente como lo hizo al principio, para sentir aún más la relajación, visualice el cielo muy azul, luego lentamente abrirá los ojos, y notará que desapareció la ira.

COMENCEMOS DE NUEVO

Aprendemos a vivir con esquemas de otros, casi siempre de nuestros progenitores, sobre todo con respecto al dinero y "ciertos valores".

Pero si hiciéramos un recuento de lo aprendido por esos cassettes que a todos nos colocan y lográramos acallar esas voces, comprobaríamos que no siempre estamos de acuerdo.

Si comenzamos a cambiar esas imágenes, que por cierto no son las nuestras, porque corresponden a otras personas, a otra vida, comprobaríamos que cada ser humano tiene dentro suyo un poder distinto, puede programarse para cambiar y ser como realmente quiere ser, puede confiar en su poder interior que siempre lo protege.

No se debe ser pesimista, debemos aprender a agradecer lo que se tiene, sea mucho o poco, disfrutar del hoy, de las pequeñas cosas, no envidiar lo que otros tienen, sino programar el cerebro para lograr lo que se desea.

Uno gobierna su mente. El Yo superior dirige. El cambio es fácil, no difícil como muchos creen.

Uno mismo crea los acontecimientos, con sus pensamientos y creencias y de la misma forma puede cambiarlos.

Sólo hace falta comenzar. ¡¡Ahora!!

EL MOMENTO ACTUAL

Estamos viviendo una gran apertura de conciencia, muchos buscamos soluciones a los numerosos problemas que fueron surgiendo en todos los planos.

Con respecto a las enfermedades "físicas", muchos sabemos que no se originan en ese plano. Por eso es que buscan cada vez más las terapias o curas alternativas, Reiki, Pirobacia, Operaciones Astrales, etc.

Cierto es que existen temores y prejuicios muy arraigados que fueron pasando de generación en generación, pero también es verdad que estos tabúes se debilitan ante la gran fuerza vibratoria de estas energías positivas.

También es cierto que así como se desatan estas vibraciones, se desatan las fuerzas contrarias, porque en todo existe la polaridad.

Pero justamente son esas fuerzas las que hay que combatir.

Esta situación la hemos creado nosotros, los humanos y debemos ser conscientes de que si seguimos así no sobreviviremos, sólo la gran fuerza emitida y unida de amor, al que muchos ya nos hemos entregado, puede salvarnos.

Las enfermedades están siempre provocadas por emociones negativas, el ego siempre juega un papel preponderante en nuestras vicisitudes, que nos hace sentir insatisfechos, impacientes, cuando las cosas no suceden como nosotros deseamos.

Cuando podemos desprendernos de él, por unos momentos, es cuando descubrimos que somos parte del UNO.

Entonces sentimos el efecto saludable de paz y hasta es más fácil recordar aprendizajes de otras vidas, o descubrir curaciones.

Si uno logra serenarse puede recordar el porqué de un sentimiento negativo, analizarlo como un espectador y corregirlo y así curar la enfermedad que ese sentimiento provocó. Debemos pasar por una profunda purificación mental.

Pasamos hace 2.000 años por la purificación del agua, (el bautismo) estamos pasando la del fuego, la purificación del espíritu fundada en el conocimiento trascendido por el amor.

Esto es necesario que se haga en forma consciente, porque de lo contrario si continuamos destruyendo el planeta, atentando contra la ecología, destruyéndonos con guerras, etc., serán las leyes naturales las que se encargarán por medio de catástrofes (que ya están sucediendo) de imponerles a los hombres un cambio de mentalidad.

Este bautismo de fuego es la preparación a la próxima iniciación del Espíritu.

En mi libro anterior "TRIADAS Y DINASTÍAS DE LOS ÁNGELES" hablo de la gran batalla de los Cielos y de los Ángeles, de la Caída, que se prostituyeron aquí en la Tierra, desobedeciendo las leyes y de ellos fuimos aprendiendo y por ellos quedamos atrapados en la cadena kármica, en la densidad y la dualidad.

Existe en la sabiduría antigua, una razón para que la dualidad se exprese tan vivamente en la humanidad.

Una parte es de origen Divino y la otra es fuerza contraria a la evolución general. Dentro de esa dualidad se la llamaba Dioses y también raza de víboras.

Esto se debe a que aunque tenga esencia divina y aunque en el nivel cósmico de su conciencia, el hombre, sea de una grandeza interior racionalmente inconcebible, sus niveles terrestres están compuestos por esas fuerzas que fueron repudiadas por el Cosmos, en el principio de la manifestación.

Por eso Cristo, hace 2. 000 años llamó al hombre raza de víboras.

Las fuerzas involutivas, se infiltraron y son la raíz de todo lo que aquí en éste planeta surgió y de las creencias de todos los seres humanos que por tener erigen cósmico, se encuentran ante el gran desafío de comprender, que todo lo que mantienen, propiedades, la forma en que usan el sexo y el dinero, el deseo descontrolado, y lo principal "la ilusión de creer que el plano físico es la principal realidad", fue en verdad el gran trabajo que hicieron esas fuerzas en contra de la evolución.

Pasaron millones de años desde la gran batalla y actualmente en la tierra estamos en esta situación de riesgo.

Nos hallamos frente al peligro de perder el propio equilibrio en el espacio debido a las actividades destructivas que se han venido desarrollando en su superficie física, además de las creaciones mentales negativas que son impuestas a sus planes sutiles por el ser humano.

Dichas formas de pensamiento, ejercen, en esos planos una acción terriblemente destructiva, formando entidades y en estos momentos se ciernen sobre el planeta nubes gigantescas de negatividad que, como toda acción vuelve hacia su origen.

"ALERTA ROJA PARA EL PLANETA TIERRA"

Este es el momento de actuar, ya no hay tiempo que perder...

Todos estos años distintos grupos espirituales hicieron su trabajo, despertando gente, ángeles dormidos, los movimientos ecológicos, también despertaron conciencias enseñando a cuidar el planeta, hubo contactados, estigmatizados, maestros espirituales, servidores de la luz que trabajaron duro para despertar a distintos sectores, distintas culturas, ahora es el momento de actuar.

Sería bueno que cada uno de nosotros se pregunte: ¿qué hago yo, por el planeta, por los otros seres humanos?, ¿Pido perdón y me arrepiento realmente cuando tengo un mal pensamiento hacia mi o hacia otro ser humano?, ¿Tengo conciencia de que no debo criticar?, ¿Me arrepiento cuando lo hago?, ¿Doy al necesitado, aunque a mi no me sobre?, antes de comprar algo superfluo, ¿ pienso en los niños desnutridos del mundo?... ¿Hago algo por ayudar al prójimo?... Si mi conocimiento puede ayudar a solucionar problemas a mi semejante ¿lo ofrezco?... Cuando me equivoco y me lo hacen notar, ¿tengo la valentía de aceptarlo y corregirme?... ¿Trato de apaciguar un carácter dominante, iracundo, autoritario o seductor, si lo tuviese?... ¿Siento verdadero respeto y consideración por mi semejante?... ¿Ayudo a mi enemigo, si lo necesita?...

Qué hago en conjunto con otras personas para ayudar a preservar el planeta, por ejemplo, o con respecto a los niños, o por la paz del mundo, por los derechos humanos, por la protección de los animales, por los enfermos de SIDA.

114

Si no hago más que meditar, leer sobre estos temas, y asistir a conferencias, realmente, no estoy haciendo nada, y es momento de actuar, de empezar a trabajar.

Se puede comenzar por difundir estos mensajes, hacer reuniones para hablar de estos temas, averiguar todas las cosas que dañan al planeta, que contaminan el agua y la tierra y son de uso cotidiano, hacer verdaderas campañas para enterar a la gente, sobre todo a los jóvenes y a los niños que son los que más se perjudican con todo esto.

También se puede recolectar papel y cartón, venderlos y utilizar el dinero para los niños que no tienen que comer.

Los que todavía fuman, traten de dejar de hacerlo, por el planeta y porque ese dinero puede ser utilizado para darle alimento a un niño, piénsenlo...

Hay hambre en el mundo no sólo aquí, en Argentina, quizás este no sea justamente el país más castigado, pero hay países en donde los niños mueren por desnutrición a diario.

No podemos seguir haciendo oídos sordos al gran flagelo que sufren otros seres humanos.

Debemos protestar cuando vemos dañar a un árbol, tratar de impedir que los tiren abajo como hace mucha gente porque se les antoja.

Dejar de matar peces por el simple gusto de pescar o cazar para probar nuestra puntería o nuestras superioridad ante otros seres menos evolucionados. Cuidemos el agua tratando de usar sólo la necesaria, igual que la luz. No usemos aerosoles, todos sabemos que hacen daño, no tiremos basura en cualquier parte, guardemos las pilas usadas en frascos de vidrio y cada tanto las llevamos a donde las recogen, hay varios lugares.

Pero hay mil cosas que dañan; si lo desean les puedo proporcionar una lista, es muy larga.

Escríbanme y se las envío por correo. Sería bueno que la repartieran en los colegios, por ejemplo.

Ofrecerse para llevar chicos huérfanos a pasear, o llevar alegría, distracción a un hospital, ayudar a cuidar enfermos que no tengan familia es una buena obra también.

Hay que hacer cambios, empecemos por estos que son los más sencillos.

Revisemos los placares, siempre hay algo que no necesitamos tanto y a otros les hace falta.

Seamos menos apegados a las cosas materiales, no ambicionemos tanto, la verdadera felicidad, la paz, no está en lo material.

Aprendamos a darle el valor real a las cosas.

Disfrutemos de todo lo que tenemos, salud, naturaleza, vista, oído, paladar, tacto, agudicemos nuestros sentidos, aprendamos a ver también con los ojos del alma. Apreciemos la salida del sol y la puesta.

Miremos el cielo estrellado y la luna, como crecen los árboles y las plantas, escuchemos el trinar de los pájaros, aprendamos de la naturaleza, valorémosla no la destruyamos, debemos aprender a agradecer todo los que Dios nos da y cuidarlo, quizás estemos a tiempo de salvarlo...

"ALERTA A LOS HERMANOS DE LA LUZ"

Creo que es necesario alertar a otros ángeles despiertos y sobre todo a los que recién comenzaron a despertar o sienten deseos de hacerlo.

Todo aquel ser que desee elevarse espiritualmente, que siente un llamado a causas nobles, que de alguna manera trabaja para la humanidad, ya sea en forma muy espiritual o científicamente, no obedece a una religión sectaria, ni tampoco a seudas sectas religiosas.

Se cree en Dios, el mismo Dios de todos, se respetan las religiones Católica, Budista, Hinduísta, Judía, etc., las asociaciones Teosóficas, la línea de Saint Germain, Star Borne, Antares, Rama, Rosacruces, Hermandad Blanca, Masones, (el nuestro) El Yazay, Acción Guardiana Internacional (México), etc. No nombro más grupos porque sería interminable y no los conozco a todos.

Pero cuidado: existen grupos seudo angélicos, seudo Nueva Era..., que dicen estar en la luz y no es así.

Religiones que se están haciendo fuertes en Europa; España por ejemplo, con la religión Vica, que aquí también hay quienes la practican, que habla de ángeles, de portales como nosotros, pero que hacen ritos y adoran a dioses y diosas paganas, están las sectas que adoran a la diosa Cali, en fin, hay que tener cuidado e investigar muy bien antes de frecuentar un grupo. Lo mismo sucede con grupos que dicen ser de la India y y que no son nada espirituales ya que realizan trabajos mentales en conjunto para conseguir propósitos egoístas, y utilizan la energía de los mismos alumnos a los que se les hace practicar, se debe tener en claro que nadie puede forzar la voluntad de otro, para sus propios intereses.

Recuerden que no se debe utilizar drogas de ningún tipo, ni siquiera chala.

No se dejen engañar por falsos hermanos de la luz que realizan ritos satánicos.

Ningún grupo espiritual puede ser sectario, ni racista; los grupos espirituales no deben seguir a falsos dioses, el guía o coordinados es igual que todos, con más sabiduría o experiencia, a la cual se debe aprender a respetar sinceramenete, pero no se dejen engañar por poses o vestimentas, una persona no necesita demostrar su espiritualidad por medio de ropa o vestimentas.

Se lo demuestra con naturalidad, con su paz, ternura y su armonía familiar, su alegría de vivir, su carácter jovial, la ayuda al prójimo y el cumplimiento de su misión aquí en la tierra.

ERA DE PISCIS - ERA DE ACUARIO

Todos hablamos de la era de Acuario, o de la era de Piscis que es la que pasó, pero muy pocos saben realmente a que se refieren.

La Edad:

Según los astrónomos tarda unos 26. 000 años en dar una revolución.

Nuestro Sol y su familia de planetas giran alrededor de un sol central que está a millones de millas, cuya órbita se llama Zodiaco.

Éste se divide en 12 signos que son los que todos conocemos: Aries, Tauro, Géminis, Cáncer, Leo, Virgo, etc.. Nuestro sistema solar tarda un poco más de 2. 100 años en atravesar cada signo y ese tiempo es la vida de una Era o designio.

A causa de lo que los astrónomos llaman "La procesión de los equinoccios", el movimiento del Sol a través de los signos del Zodiaco se realiza en orden inverso al dado anteriormente.

Por eso de Piscis pasamos a Acuario. Existen desacuerdos en cuanto a la exactitud de la fecha del comienzo de una era pero en lo dicho anteriormente no. Por ejemplo sabemos que Jesús vivió en la era de Piscis (pez).

Dicha Era es idéntica al Designio Cristiano. Piscis es signo de agua y esa Edad ha sido claramente la era del pez y su elemento el agua.

La navegación alcanzó, durante esta era, su más alto nivel.

Recuerden, el rito del Bautismo en el agua, del que Juan fue el precursor, aún hoy se sigue utilizando el agua para los bautismos.

Así mismo el pez se encuentra adornando fuentes bautismales, también en pinturas de la última cena. Incluso se llama a Cristo "nuestro gran pez" en escritos Tertulianos.

LA ACTUAL ERA DE ACUARIO

Nuestra raza se encuentra en la cima de las edades de Piscis y Acuario.

Acuario es un signo de aire y realmente la humanidad avanzó a pasos agigantados en el uso de inventos que tienen relación con el aire y con la mente.

Acuario es el de las ideas nuevas y locas o poco comunes. La electricidad, el magnetismo, el poder de enviar los pensamientos por el mundo a la velocidad de un relámpago.

Acuario deriva del latía aqua, que significa agua. Acuario es el portador del agua, por eso es simbolizado por un hombre llevando un cántaro de agua en sus mano derecha. Jesús se refirió al comienzo de la Edad de Acuario con éstas palabras:

"Y entonces el hombre que lleva el cántaro caminará cruzando un arco de cielo; el signo y la señal del Hijo del Hombre se levantará en el cielo de Oriente. Los sabios alzarán sus cabeza y sabrán que la redención de la Tierra está próxima."

Evangelio de Acuario - 157: 29. 30

Estamos en la Era de Acuario, que es espiritual y en las que muchos maestros y guías reencarnamos para ayudar en la evolución del planeta y los seres humanos.

Las grandes enseñanzas de los grandes maestros como Jesús, Buda, Saint Germain van a ser entendidas y más escuchadas por las multitudes, porque toda la humanidad está llegando a niveles altos de conciencia espiritual, unos más que otros, algunos despiertos y otros todavía no y nuestro trabajo consciente es ayudar a despertar.

Despertar para cumplir o completar la tarea que hemos venido a realizar, todos debemos cumplir el propósito de Dios, del Dios Trino.

El Cristo, la perfección es la meta de la vida. Una semilla es perfecta en su estado embrionario, pero está destinada a desarrollarse y crecer.

"Dentro de la tierra de cada plano, estas semillas, que eran los Pensamientos de Dios, fueron echadas las semillas del protoplasma, de tierra, de planta, de bestia, de hombre, de ángel y de querubín, y aquellos que plantaron las semillas, por medio de Cristo, les ordenaron crecer y volver al final, mediante el esfuerzo de innumerables años, al gran granero del pensamiento y les ordenaron a cada una que fuesen perfectas en su especie. Y en la incontables bendiciones del amor del hombre fue hecho el señor del protoplasma de la tierra, de la planta y de la bestia y Cristo proclamó:

"El hombre tendrá pleno dominio sobre lo que halle en estos planos de la vida" y así fue.

"Y aquél que dio el señorío al hombre declaró que éste debía gobernar mediante el Amor. Pero los hombres crecieron crueles y perdieron su poder de gobernar, y el protoplasma, la tierra, la planta y la bestia, tornáronse en enemistad con el hombre; éste perdió su herencia, pero Cristo se hallaba presente para redimirle. Sin embargo, el hombre había perdido su conciencia de lo correcto; ya no pudo comprender la magnitud del Amor; no pudo ver más allá de si mismo y sus cosas; pero Cristo estaba allá para buscar a los perdidos y salvarlos. Para así poder estar más cerca del hombre en todos los caminos de la vida y para que el hombre pudiera comprender el poderoso espíritu del Amor. El Cristo de la Tierra se manifestó a los ojos y oídos humanos tornando su morada en una persona pura, bien preparada por muchas vidas para ser el lugar apropiado del Amor.

Así Cristo manifestó el poder del Amor para la salvación, pero los hombre lo olvidaron demasiado pronto, y Cristo tuvo que manifestarse de nuevo una y otra vez. Y siempre desde que Cristo ocupó su lugar en forma carnal, El Cristo se ha manifestado al comienzo de cada edad".

Evangelio de Acuario
de Jesús el Cristo - pag. 11

La Biblia nos cuenta de las tribulaciones de Job y como sus escritos, siempre están vigentes, y considero que es bueno recordarlo, porque muchas veces nos puede mostrar el camino y ayudarnos a ver nuestros problemas desde otro punto de vista:

16) "Si me desdeñé de entrar en juicio con mi siervo o con mi sierva, cuando tenía que pedirme alguna cosa con justicia,

17) "Si negué a los pobres lo que pedían, si burlé jamás la esperanza de la viuda,

18) "Si comí sólo mi bocado y no comió también de él el huérfano,

19) "Si no hice caso del que iba a perecer de frío, por no tener ropa, ni del pobre que estaba desnudo.

24) "Si yo creí que consistiese en el oro mi poder, si dije al oro más acendrado: En ti pongo mi confianza.

25) "Si puse mi consuelo en mis grandes rique-

zas, y en los muchos bienes que adquirieron mis manos.

40) "Názcanme abrojos en vez de trigo, y espinas en lugar de cebada."

JOB XXXI - XXXI, 19

Dijo Paracelso:

Quién no conoce nada, no ama nada,
quién no puede hacer nada, no comprende nada,
quién nada comprende nada vale. Pero
quién comprende, también ama, observa, ve...
Cuanto mayor es el conocimiento
inherente a una cosa más grande es el amor...
Quién cree que todas las frutas maduran
al mismo tiempo que las frutillas
nada sabe acerca de las uvas.

EPÍLOGO

Queridos lectores, después de leer este libro atentamente, ya no podrán carecer de una apertura de conciencia, ni excusarse en la desinformación del tema.

Creo que por lo menos harán un examen de conciencia.

Muchos de ustedes, lectores, se darán cuenta que han actuado y pensado al respecto equivocadamente, o por lo menos parcialmente.

Algunos se escandalizarán.

Otros se identificarán con algunos de los casos mencionados, pero lo más importante para mí es que lleguen a comprender realmente el contenido de estas páginas que es un mensaje de amor hacia todos los seres humanos que habitan esta planeta y que deben aprender a amarse unos a otros y aceptarse tal cual son. Los abrazo con mis alas doradas.

LA GRAN INVOCACIÓN

Desde el punto de luz en la mente de los
hombres,
Que afuya luz a las mentes de los hombres
Que la luz descienda a la Tierra.
Desde el punto de Amor en el corazón de
Dios
Que afluya Amor a los corazones de los
hombres;
Que Cristo retorne a la Tierra.
"Desde el centro donde la Voluntad de
Dios es conocida,
Que el propósito guíe a las pequeñas vo-
luntades de los hombres,
El Propósito que los Maestros conocen y
sirven."
Desde el centro que llamamos la raza de
los hombres,
Que se realize el Plan de Amor y Luz
Y selle la puerta donde se halla el mal.
Que la Luz , el Amor y el Poder restablez-
can el Plan en la Tierra.

PRODUCTOS ALQUIMIZADOS EL YAZAY

Gran surtido de Sahumerios e Incienso de los Angeles, Arcángeles, Hadas, Duendes, Dragoncitos, Silfos y los Zodiacales. Aceites esenciales, Velas de ángeles pintadas y alquimizadas por El YAZAY para cada ritual especificamente. Laminas de los Angeles. Piedras para energizar los chacras y de protección.

Cassette con la meditación de limpieza y purificación emocional, La Estrella Dorada. También para pedir el nombre Angélico y equilibrar las polaridades.

Hacer pedidos por mayor y menor al 701- 1382.

INDICE

Este libro se terminó de imprimir en el mes
de Diciembre de 1996, en los talleres gráficos Carybe,
Udaondo 2646, Lanús, Prov. de Bs. As.,
República Argentina.